Wohmann · Erzählen Sie mir was vom Jenseits

Gabriele Wohmann

11.3.01

Gabriele Wohmann

Erzählen Sie mir was vom Jenseits

Gedichte, Erzählungen und Gedanken

Matthias-Grünewald-Verlag · Mainz

Religion und Ästhetik
Betreuung: Karl-Josef Kuschel

Die Deutsche Bibliothek – CIP-Einheitsaufnahme
Wohmann, Gabriele:
Erzählen Sie mir was vom Jenseits : Gedichte, Erzählungen und Gedanken / Gabriele Wohmann. – Mainz : Matthias-Grünewald-Verl., 1994
(Religion und Ästhetik)
ISBN 3-7867-1756-7

Lektorat: Bruno Kern
Umschlag: Heinz Kirsch und Kristine Buckel, Wiesbaden
Gesamtherstellung: Wagner, Nördlingen

ISBN 3-7867-1756-7

INHALT

I. LYRIK

1. Eigene Gedichte 9

2. Nachdenken über Gedichte 25

II. PROSA

III. AUTOBIOGRAPHISCHES

I. LYRIK

1. Eigene Gedichte

Sendeschluß

Gestern
War ich zu faul zum Beten
Hab ich einfach vor mich hin
Vertraut dem gar nichts
Übelnehmenden Gott, Vatertradition
Lang gesessen vorm
Anblick
SENDESCHLUSS
Wehe dir, wenn du stirbst
Tu mir das nicht an
TÄGLICH BROT GIB UNS HEUTE
Oder wie
Gehen diese gebräuchlichen
Liebeserklärungen?

Bei seinem Tod

Mich selber, mich als Beistand
Mich möchte ich nicht um mich haben.
Wie die Witwen
Aus meinem Umkreis
Werde ich es nicht machen
Ich werde nicht hier bleiben
Ich werde unterwegs sein
Unsere Gegenstände schlagen
Mich in die Flucht
Keine Treue zu Sachen
Deine liebe bescheidene wortlose
Tödliche Schläfrigkeit
Macht mich wütend
Das Letzte von mir:
Wach auf! schrei ich dich an
Los, beweg dich!
Ja ja schon gut, bete ich vor mich hin
Selbstverständlich hab ich
Unrecht heut getan.

Klimawechsel

Jetzt nicht, nicht heute, nein
Es geht nichts, nur Verpassen
Keiner, der kommen darf
Ich bin heut ohne Schultern
Ich kann heut gar nichts beten
Ich habe keinen Hals
Fast keine Augen, Haare
Ich bin jetzt gottverlassen
Ich gehe nirgends hin
Jetzt kenne ich nicht die
Person da, die ich bin.

Komm, Klimawechsel, komm
Mit Schultern, Hals, mit Sätzen
Die meine Stimme, freundlich
Doch wieder sagt, die Augen
Erkennen etwas: dich
Ich war ganz fürchterlich!
Und ohne Seele, Haare
Nicht hier, nicht dort, nicht fromm.

Patienten

Mein Freund ist krank
Ich gehe
Jetzt mit den andern
Schwimmen, Strandwetter
Später
Tanzclub, die Bar hat offen
Sonntags
Muß man Termine haben
Mein Hund ist krank
Er nimmt
Mir gar nichts übel
Gar nichts, schaut nur
Besorgt, ich spiele
Jetzt mit den andern
Sonntag
Mein kranker Mann
Mein Mann ist krank
Mein Mann will, daß ich lache
Mein Hündchen, Freund
Ich mache
Mich aus dem Staub
Es geht
Dem Ende zu:
Die Angst!
Patienten!
Das Gebet!

Studenten

Sie kann nicht mitwirken
Kann und kann es nicht
Seit fünf Stunden schon
Im Film mit ihr
In der Hauptrolle
Ihr Leben läuft vorbei
Schlechte Bildqualität
Sie müßte sich einmischen.
Und dein Leben auch
Deins vergeht ebenfalls!
So möchte sie ihren Mann
Anbrüllen, sie bringt kein
Wort heraus, seit fünf
Stunden, stundenlang nun schon
Unmöglich sogar
Ihn anzublicken, erst recht:
Zu lächeln, ausgeschlossen!
Lieber Gott, sorge du
Für die Versöhnung
Hab du einen Einfall
Halte das hier
Zwischen mir und meinem Mann
Bloß nicht für eine Banalität!
Der weiterhin mit
Schwerwiegenderem beschäftigte Gott …
Oder etwa nicht? Plötzlich
Diese Eingebung:
Sie salzt jetzt die Mahlzeit
Ohne gute Absicht
Reichlich, sagt:
Leider leider

Und schlägt ein Ei auf
(Eier darf er nicht essen)
Gern hätte sie ihm
Aber er ist nebenan
Sachlich im Zorn erklärt:
Mein Vater und meine Mutter
Die haben aber gewollt
Daß ich auf jeden Fall
Immer, in jedem Moment
Geliebt werde.
Nebenan kann unter gewissen
Umständen unbegehbar weit
Entfernt sein.
Aber beim Essen endlich
Das Resultat
Vom göttlichen Wink
Der Glücksfall, Giftmischerei:
Sie sieht ihm dabei zu
Wie er ihre gottverlassene
Lieblose, viel zu
Salzige Kost mit dem Ei drin
Betrübt und stumm mit Appetit
Ißt: wie alt und dick
Er geworden war, altes
Dickes Semester, achtes Semester
Immer das Examen vor Augen.
Jetzt sofort, jetzt gleich
Nur Mut fassen
Würde sie ihn hinterrücks
Umarmen.

Komm wieder

Wenn dann aber kein
Bucklicht Männlein mehr
Schon vor mir dasteht
Im Gärtchen und niest
Im Nähzimmer
Das Rad anhält
Bei den Zwiebeln stört
Wenn dann aber kein
Bucklicht Männlein mehr
In der Küche
Auch schon vor mir da ist
Keins mehr da ist
Mein Geschirr zu zerbrechen
Mein Süppchen zu boykottieren
Wenn dann aber kein
Bucklicht Männlein mehr
Mich überall findet, überall
Nicht allein läßt
Überall mich wundert
Wo knie ich denn dann
In was für einem Bänkchen
Zu welchem Beten
Für wen denn noch
Nieder?
Bucklicht Männlein
Komm wieder!

Als ich alt zu sein anfing

Müde bin ich, aufgeregt
Viel zu faul für meinen Fleiß
Viel zu jung um alt zu sein
Viel zu alt, so furchtbar alt
Altsein kommt mir schädlich vor
Schwere Krankheit, nicht zu heilen
Schnee und Glatteis sperren mich
In mein Haus ein, hin und her
Auf und ab mit kleinen Schritten
Aufgeregt und furchtbar müde
Nein, ich kann mich nicht erinnern
Ja, ich sollte etwas suchen
Ein Zitat, etwas zum Lesen
Ihr habt recht, ich muß mehr trinken
Ihr habt recht, ich muß mehr sprechen
Ganz egal mit wem, mit keinem
Nein, ich kann mich schlecht besinnen
Nicht still sitzen, kaum bewegen
Komisch, falsch, verkehrt, verrechnet
Bei den Zahlen, die mein Alter
Dieses schrecklich alte Alter zählen
Schafe zählen, guter Ratschlag
Gegen Aufgeregtheit, Denken
In der Nacht, ich bin zu müde
Ihr habt recht, ich muß mehr üben
Kopf- und Beingymnastik, singen
Wäre für die Stimme wichtig
Kleine Monologe halten
Hört ja keiner, nicht so schüchtern
Recht habt ihr, ich bin so schüchtern
Rollen kann ich keine spielen

Wenn ich lächeln will, dann leider
Sieht die Apothekerin schnell weg
Alle hoffen, daß ich fromm bin
Ihr habt recht, ich muß nicht reisen
Aufgeregt, recht habt ihr, bin ich
Ohne Grund, alles ein Irrtum
Etwas, das ich unaufhörlich
Vor mich hin weiß und vergesse
Das ich spüre, nicht erkenne
Nicht behalten kann, doch fühle
Etwas stimmt nicht mit dem Altsein
Etwas wird nicht lang mehr gut gehn
Dann bin ich es, die hier recht hat
Grund zur Aufregung, und müde bin ich
Geh zur Ruh doch ohne Ruhe
Hieß nicht früher
– Schwer zu glauben –
Einer nachts DU LIEBER VATER
LIEBER GOTT, ich bin nervös
Stur und schlaflos, aber müde
Weiß nicht mehr wie Beten ging
Als ich alt zu sein anfing
Als ich so verkehrt gezählt
Schrecklich alt zu sein anfing
Als ich alt
Entsetzlich alt zu sein anfing …

Wo bleibt der Jüngste Tag

Das wißt ihr zwei schon gut:
Fastnacht ist nun vorbei
Genug gespielt, gelacht
Vorerst: Adieu, bis dann!
Die Mutter aber kann
Nicht mehr allein – was nur?
Das Kind aber, es kann
Noch nicht wie sie …
Verlassen und verloren
Bis wieder etwas los ist
Gelacht, gespielt wird, wann
Hat das denn angefangen
Du stirbst, es wird geboren
Wo bleibt der Jüngste Tag
An dem ich
Vor dem Schrecken
Rufe zum Auferwecken?

Wie es früher war

Abends wenn wir schlafen gehen
Sollten wir sie alle sehen
Alle vierzehn Engel, klar?
Ganz so wie es früher war.
Also fragen wir uns aus
Wie war das bei dir zu Haus
Schildere das Sandbauspiel
Bilderalbum, Federkiel
Und den Schulweg, Angst vor Hunden
Auch wie du den Ring gefunden
Zoobesuch und Kuchenessen
Alles, was wir sonst vergessen …
Bis sie, vierzehn, um uns stehen
Wichtig, Engel anzusehen.

Die Veilchen blühen kalt

Komm lieber Tod und mache
Es plötzlich, hinterrücks
Ich schlafe nicht, ich wache
Nimm den Moment des Glücks
Wenn ich nach Hause komme
Daß keiner hinterbleibt
Der meinen Liebsten fromme
Bekümmerte Briefe schreibt.

Wir machen das im Garten
Die Pflanzen sind schon alt
Komm Frühling, Tod, wir warten
Die Veilchen blühen kalt
Das Gift schmeckt gut im Kuchen
Familienkonferenz
Gleich wird es uns besuchen
Gewitter mit Blitzschlag im Lenz.

Du lieber Mai, wie steinalt
Auch du geworden bist
Die Vöglein schweigen auch bald
Weil dann gestorben ist.
Wir Nachlaß wir, wir Armen
Der Vater ging längst voraus
Komm Glück, komm Tod, Erbarmen
Mit uns, denn wir wollen nach Haus.

Genug gespielt. Wir wissen
Nun alles, alles, vorbei
Das Band wird abgerissen
Daß keiner übrig sei

Hab euch hierher gebeten
Ihr Liebsten zum letzten Mal
Den Garten zu betreten
Zum Abschied vom Jammertal.

Und eh du uns erschlagen
Mit Blitz und Gift beim Spiel
Du Tod, will ich dir sagen:
Das hochgesteckte Ziel
Kann ich nicht länger erwarten
Greift zu! Meine Liebesschuld
Trieb euch in diesen Garten
Zum Fest der Ungeduld.

Ach Mai, du Tod, es sterben
Die Bäche sowieso
Sinnlos den Wald zu färben
Er stirbt, das macht mich froh.
Das hab ich längst vermutet
Es soll auf der Erde nicht sein
Mach schnell, schnell ausgeblutet
Der Blitz lädt uns himmelwärts ein.

Gerettet

Es war schon spät und doch
Wagte er es, ihre Nummer zu wählen
Endlich die ideale Frau
Wer nicht suchet, murmelte er
Der wird finden, denn
Das war Zufall, war unverhofft
Diese Bekanntschaft
Hübsch aussehen, das
Tat sie sogar auch.
Hallo, ich bin es
Nochmals ich.

In der Altenpflege
Hatte sie sich
An vieles gewöhnt
Dieser Mann aber
Er brachte sie aus der
Fassung, er war doch erst
Höchstens fünfzig, und nun
Mitten in der Nacht
Bat er sie um ein
Gutes Wort, einzulegen
Bei der Direktion
Wollte aufgenommen werden
Dieses Jahr noch!

Wie ruhig er wurde
Im Bett, im Dunkeln
Sah er seine Zukunft:
Viel zu früh, morgens
Um sieben käme die

Junge Frau ins Zimmer
Und risse ihn aus dem Schlaf
In den Tag, siebzehn Uhr: Schluß.
Abendessen, dazwischen
Fernsehen, Kuchen, circa vier
Heilige Messen
Zur Abwechslung! Gerettet!
Er spürte
(Und stellte sich
Das unbefangene Gesicht
Der idealen jungen Frau vor)
Wie sein Selbstverständlichkeitsgefühl
Allmählich vom ausführlichen
Denken an den
Tagesablauf im Heim St. Joseph
Repariert wurde
Vom Kopf bis
In die Fußzehen:
Getröstet, und nur noch
Endlich, nur noch aus
Seele bestand er, er
Merkte es doch, das
War nicht Fleisch und
Leib und Körper
Diese Vorfreude.

Wartezeit

Die Tage sind so lang
Darf sie nicht kürzer wollen
Am Morgen bin ich bang
Weil wir gern leben sollen
Setz ich mich abends hin
Vor dich: Liebesportrait
Verspreche, daß ich dankbar bin.

Nach meiner Wartezeit
Lernpensum, jetzt, HIENIEDEN
Und längst noch nicht bereit
Hier wird man nie zufrieden
Die Zeit vergeht, bleibt stehen
Wie ohne mich, verbannt.
Dorthin, dort muß ich gehen
In das Gelobte Land.

2. Nachdenken über Gedichte

Meine Gedichte

„Morgenglanz der Ewigkeit,/Licht vom unerschöpften Lichte,/schick uns diese Morgenzeit/deine Strahlen zu Gesichte/Und vertreib durch deine Macht/unsre Nacht."
In meinem Gemüt bleibt die Wirkung dieses Kirchenlieds vom 1689 gestorbenen Christian Knorr von Rosenroth ohne die Melodie seines Zeitgenossen Johann Rudolf Uhle unvollständig. Manchmal höre ich mir im Innern zu: wie beim Singen. Es wundert mich ein bißchen, daß ich mit meinen lyrischen Favoriten und den Vertonungen nicht in Moll beginne, auf Moll gar nicht so einseitig angewiesen bin, und vielleicht ist dem unscheinbar gebliebenen Uhle etwas Schubertähnliches gelungen und er konnte einer Dur-Tonart die pur diesseitige Aufmunterungsfrische nehmen. Ermutigung geht durch die mir passende Melancholie aus, eine selbstanklägerische Resignation weckt Zuversicht, das ist auch mein gangbarer Weg durch „die dürre Lebensau" dorthin, „wo die Lust, die uns erhöht/nie vergeht", und was auf den ersten Blick als doch recht bescheiden enttäuschen könnte, als ausschließlich gebückte Demutshaltung, Reue, Not, das erbittet doch ein äußerstes Ziel, ist in Wahrheit der höchste Anspruch. Sehnsuchtsvoll-zugkräftig formuliert sich das Wegstreben „aus dem Tränenfeld" wohin? „In jene Welt" und zu „süßem Trost". „Deiner Güte Morgentau": Worauf soll er denn fallen? Auf „unser matt Gewissen." Als ich, in meiner Kindheit, Wortzusammenstellungen wie diese in kleinen Chören der evangelischen Krankenschwestern bei Andachten meines Vaters mitsang, der besten und niemals betrübt-zerknirschten Stimme, der meiner Mutter, am nächsten sitzend, wetteifernd mit ihr,

als wolle ich, daß mein Vater mich hören könne, da habe ich noch nicht gewußt, wie groß die Anziehungskraft von Strophen dieser Art auf mich gewesen sein muß – oder ist sie erst entstanden? Wodurch? Ist es die Selbstbezichtigungsmethode, nach der auch ich hoffe, es gebe eine übergeordnete Nachsicht mit dem, was Rosenroth als „unsre kalten Werke" bloßstellt, weshalb es so dringend ist, daß er gehört wird, der Vergewisserungszuruf, flehentlich: „Gib, daß ... eh wir gar vergehn/recht aufstehn."

25 Sendeminuten für *mein* Gedicht, das heißt für eine kleine Auswahl vom Repertoire, heißt Notproviant und Entscheidung im Fundus, und ich bekomme das Gefühl, ich müsse in ein Exil aufbrechen. Wenn ich bei mir zu Haus bin, macht mich der gewohnte Versorgungswohlstand entschlußschwach, und in der Umgebung des Büchervorrats gäbe ich die nicht ganz aufrichtigen Antworten. Ich lese gar nicht regelmäßig Gedichte. Also denke ich, jetzt unterwegs in der Bahn und in Hotelzimmern, die unentbehrlichsten Gedichte müßten wohl die sein, die mir aus dem Gedächtnis einfallen. Dieses Abteil hier, es ist jetzt die berühmte fiktive Verbannungsinsel, auf die es einen in der Phantasie verschlagen soll und für die es das existentielle Gepäck zu packen gilt. Was habe ich denn diesmal sowieso in der Reisetasche? Ist überhaupt Lyrik dabei? Ist es der gewohnte, wie aus Aberglaube und Anhänglichkeit an eine Art von prinzipieller Identität kaum je veränderte Bodensatz, den *Mit Goethe unterwegs*, ein zwergenformatiges *Neues Testament* und eine Sammlung von Tschechow-Erzählungen bilden? Und an den ich trotzdem vielleicht gar nicht rühren werde, weil ich wieder hoffe, mit dem Vorrat an Tageszeitungen werde ich von Morgen zu Morgen auskommen? Ich will die Zeitungen oft genug vergeblich interessant genug finden. Eine Gedichtzeile von mir selber stimmt auf mich selber immer wieder: *Ich will die Zeitung von morgen lesen.* Vermutlich drücke ich mich vor größeren Gemütsbewegungen, ich lasse sie aber nicht zu Haus. Natürlich habe ich mein allergrundsätzlichstes Emigrationsge-

päck nicht griffbereit. Ich mache den Test, jetzt denke ich sowieso an meine Mutter, an das nie wieder selbstverständliche Nützen beim Rollentausch, an das nie auf eine erwachsene Tochter im Umgang mit ihrer Mutter anzuwendende kleine Lieblingsgedicht hier, Bert Brecht, *Glücklicher Vorgang:* „Das Kind kommt gelaufen/Mutter, binde mir die Schürze!/Die Schürze wird gebunden." Wie sehr wünschte ich – und weiß, daß ich selber mir den Wunsch nie erfüllen kann –, ich könnte ein einziges Mal in einem Umkehrvorgang so ohne jeden Wörteraufwand und ohne allen Empfindungstumult eine ganz und gar einfache, ganz und gar lebenswichtige Bitte wie einen Vorgang behandeln, der erledigt wird. In Brechts winzigem Gedicht ist die ganze Kindheit untergebracht. Der Kinderimperativ und der Vollzug durch die Mutter spiegeln ein glückliches unschuldiges Stadium vor allen Pflicht- und Schuld- und Reue-Gefühlswirrnissen wider. Angenehmste Zeit der selbstverständlichen Ausübungen, ehe das Grübeln dazwischenfährt. Der Dank an die Mutter scheint nur zu fehlen, aber steckt er nicht in der ersten Zeile: „Das Kind kommt gelaufen..." Das Kind hat Vertrauen. Die Mutter, wenn sie großes Glück hat, weiß gar nicht, nicht genau, wie groß ihr Glück ist: beim Zuschauen, wenn das Kind gelaufen kommt, beim Zuruf vom Kind, beim Schürzebinden. Und ich sehe sie, wie sie dem ebenfalls glücklichen Kind, das auch so glücklich ist, weil der wichtige Vorgang auch so nebensächlich ist, nachblickt. Das Brechtsche Kunststück kommt dieser Glücksart so nah, weil es sich als Protokoll gibt. Wie durch ein Kaleidoskop sehe ich auf die kleine Szene zwischen Mutter und Kind und Schürze, von Brecht stammt nur das Standbild, von dem er zuläßt, daß ich es in viele verschiedene Einstellungen und in wechselnde Abbildungen schüttle. Blick in die Vergangenheit, für jeden erwachsenen Leser, dem dann ein Heimweh wie etwas mit der gleichen Selbstverständlichkeit Niewiedergutzumachendes inwendig aufblendet. Vom Schmerz, der da entsteht, war scheinbar bei Brecht gar nicht die Rede. Den „Glücklichen Vorgang"

erkennen und ermessen wir ja aber erst dann bewußt, wenn wir ihn ebenso bewußt von unglücklichen oder auch nur scheiternden, ewig unvollkommenen und mißratenen Vorgängen unterschieden sehen, als abgetrennt von allem dem Üblichen, vom gewöhnlichen Unglück. Der Kindermoment schimmert heimatlich von früher hervor. Er hebt sich ab. Glück gibt es, weil es das Unglück gibt.
Mit dem Medizinischen Wörterbuch reise ich nicht, aber mit Tod und Leben, mit meiner alten Absicht, es müsse sich doch eines Tages ein Lexikon der ersten Anzeichen, eine Konkordanz der Symptome finden lassen, hängt es zusammen, daß ich in einem Seitenfach meines Terminkalenderchens das Gedicht *Denk es, o Seele* von Eduard Mörike bei mir habe, als vergilbten abgegriffenen Zeitungsausschnitt:

„Ein Tännlein grünet wo,
Wer weiß, im Walde,
Ein Rosenstrauch, wer sagt,
In welchem Garten?
Sie sind erlesen schon,
Denk es, o Seele,
Auf deinem Grab zu wurzeln
Und zu wachsen.
Zwei schwarze Rößlein weiden
Auf der Wiese,
Sie kehren heim zur Stadt
In muntern Sprüngen.
Sie werden schrittweis gehn
Mit deiner Leiche;
Vielleicht, vielleicht noch eh
An ihren Hufen
Das Eisen los wird,
Das ich blitzen seh!“

Den autobiographischen ersten Augenblick zwischen diesem Gedicht und mir habe ich vergessen. Es ist wohl sowieso längst notwendig davon zu sprechen, wie wenig es der Inhalt einer Dichtung allein ist, der zu einer Gemütsbewegung verhilft. Szenen wie die bei Brecht und hier bei Mörike haben sich sozusagen in mir eingenistet. Gewiß, ich sehe diese Genrebilder jederzeit. Dies gelänge aber gar nicht, wenn ich nicht in einer Art äußerster Zufriedenheit den Kunstgriff zu schätzen wüßte. Das ist Verwunderung und Bewunderung in einem. Ich kann sicherlich längst nicht mehr ganz unberuflich lesen, muß also jedes literarische Kunstwerk auch vom Kollegenstandpunkt aus sehen. Das bedeutet fast dann auch, wie bei *Denk es, o Seele*, so etwas wie Eifersucht aufs einmal und wie für allemal gelungene Gedicht über die Angst vor dem Tod. Oder, statt Angst, denn Mörike ist mehr des Sterbens eingedenk als angstvoll: über diese Zeile des Paulus: *Herr lehre uns bedenken, daß wir sterben müssen, auf daß wir klug werden.* Daß es „für allemal" gelungen sei, muß ich selbstverständlich beim täglichen Schreiben vergessen.

Vielleicht gehört es bei mir zum Wesen eines sogenannten Lieblingsgedichts, daß es früher ein Lieblingsgedicht war, in einem entscheidenden, in meine Laufbahn eingefügten Moment, und Anhänglichkeit bestimmt mich, wenn ich an dem Gedicht festhalte, die Zündung zwischen ihm und mir selber aber vergessen habe. Fast kommt mir seit einiger Zeit jeder Zugewinn wie Untreue vor. Wann denn bloß zum allerersten Mal sank mir *Wanderers Nachtlied* wohltätig, indem es schmerzbestätigend wirkte, ins Bewußtsein?

Der du von dem Himmel bist/alles Leid und Schmerzen stillest/den, der doppelt elend ist,/doppelt mit Erquickung füllest,/ach, ich bin des Treibens müde!/Was soll all der Schmerz und Lust?/Süßer Friede,/komm ach komm in meine Brust.

Daß ich das unterwegs auswendig bei mir habe, nicht, wie bei *An den Mond* zum Beispiel, Schuberts Musik beim inneren Vollgenuß zu Hilfe nehme, Goethe allein, und in keiner Minute der Vergewisserung jemals ohne Wirkstoff für mich, das beruhigt mich, wappnet mich für jedes denkbare Exil.

Wahrscheinlich suche ich ja immer, und nicht nur in der Dichtung, auch in Musik und Malerei, nach meinem eigenen Lebensgefühl, und es kommt zum schönen Vollzugsereignis, wenn ich es wiederfinde, von einem anderen und doch wie von mir selber: die Bestätigung, die Auflösung von verworrenen Verkehrtheiten in Übereinstimmung. Eine Einladung zum Aufatmen. Es muß in so beschaffenen Kunstwerken ein Schmerzbewußtsein sich mitteilen. Versessen bin ich darauf, daß unser menschliches Existieren als Schwebezustand zwischen Himmel und Erde betrachtet wird, oder, besser so: zwischen der Erde als dem Platz, an dem wir jetzt sind, und dem Himmel, der als Sehnsucht überhaupt erst das Dichten, Malen, Komponieren erweckt. Vorweggenommene Abschiede wie bei Mörike, das Genughaben vom Auf und Ab im Leben wie bei Goethes nächtlichem Wanderer vermitteln mir die eigenen Gemütserfahrungen und erwirken einen kleinen besänftigenden Transport im Bewußtsein. Im Grunde singt John Lennon dasselbe, ich habe im Notversorgungsfach vom Kalenderchen ein paar Beatles-Liedtexte, und ich lese „... take a bad song, and make it better ..." wie eine Antwort auf viel Befragtwerden danach, warum denn ein „trauriges" Gedicht nicht traurig mache.
Ich bin aber in meinen Vorlieben nicht ganz so einseitig für die Melancholien, wie es bis jetzt aussieht. Als vergilbten Papierschnipsel trage ich auch die *Ermahnung* von Christian Hofmann von Hofmannswaldau mit mir herum: es kann sein, daß mir, von einem Kalenderblatt, mein Vater diesen Ausschnitt gemacht hat, oder nein: eine solche Bastelarbeit paßt noch besser zu meiner Mutter. Und da lese ich, ohne von zu viel Beherztheit erschreckt zu werden: „Ach, was wollt ihr trüben Sinnen/Doch beginnen!/Traurigkeit hebt keine Not;/Es verzehret nur die Herzen,/nicht die Schmerzen,/Und ist ärger als der Tod./Auf, o Seele! Du mußt lernen,/Ohne Sternen,/Wenn das Wetter tobt und bricht,/Wenn der Nächte schwarze Dekken/Uns erschrecken,/Dir zu sein dein eigen Licht." So viel ich weiß, ist das nur ein Teil des längeren Gedichts. Und auch

An sich von Paul Flemming habe ich nur als Auszug bei mir, vielleicht sind das meine Lieblingsstellen? Vielleicht kann ich nur bei Barockdichtern auch von Ermunterungen Gebrauch machen, empfinde sie als Beistand beim täglich immer wieder zu wiederholenden Unternehmen des Aufraffens:
„Sey dennoch unverzagt. Gieb dennoch unverlohren./Weich keinem Gluecke nicht. Steh' höher als der Neid./Vergnuege dich an dir/und acht es fuer kein Leid/hat sich gleich wider dich Glueck'/Ort und Zeit verschworen." Meine Lieblingsstelle in der zweiten Strophe enthält diese Ratschläge – und fast muß ich an Brechts Bild vom selbstverständlichen Beistand denken – Flemming aber spricht von Erwachsenen: „Nim dein Verhaengnueß an. Laß' alles unbereut."
Dann aber gibt es Tage, an denen ist mir am allermeisten nach dem Kinderballadenlied vom Bucklicht-Männlein zumute, und ich liebe daran gerade, daß ich nie hinter das Geheimnis dieser kleinen Figur kommen kann. Lästig und liebenswert zugleich ist der rätselhafte und etwas unheimliche Störenfried, und nie weiß ich ganz genau, wer am gründlichsten bedauert werden muß: das Männlein oder das erzählende und vom Männlein auf Schritt und Tritt verfolgte Mädchen:

„Will ich in mein Gärtlein gehn,
will mein Zwiebeln gießen,
steht ein bucklicht Männlein da,
fängt als an zu niesen.

Will ich in mein Küchle gehn,
will mein Müsli kochen,
steht das bucklicht Männlein da,
hat den Topf zerbrochen.

Will ich in mein Keller gehn,
will mein Weinlein zapfen,
steht das bucklicht Männlein da,
tut mir'n Krug wegschnappen.

Will ich auf mein Boden gehn,
will mein Hölzlein holen,
steht das bucklicht Männlein da,
hat mir's halt gestohlen.

Geh ich in mein Kämmerlein,
will mein Bettlein machen,
steht das bucklicht Männlein da,
fängt als an zu lachen.

Wenn ich an mein Bänklein knie,
will ein bißchen beten,
steht das bucklicht Männlein da,
fängt gleich an zu reden:

Liebes Kind, ach ich bitt',
bet für's bucklicht Männlein mit!"

Wenn ich in Diskussionen mit Lesern Glück habe und erklären soll, warum nach Prosatexten und Gedichten immer Fragen übrig bleiben, dann fällt mit Walter Benjamins Plädoyer gegen endgültige Antworten ein. Einem Gedicht, das ganz und gar verstanden werden kann, fehlt dem nicht zum Beispiel die eigene Zukunft, denke ich eben, während ich versuche, mich an mein Lieblingsgedicht des amerikanischen Lyrikers William Carlos Williams zu erinnern. Ehe mir der Text zur Verfügung steht, sehe ich die Szene, die er heraufbeschwört, und so genau wie die Einstellung in einem Film. Den Anfangssatz weiß ich immer sofort. Wie oft benutze ich dieses „So viel hängt ab von …" für mein eigenes Anschauungsmaterial bei Wegstrekken wie der gegenwärtigen, beim zufälligen Blick aus dem Zugfenster, und immer gelingt dann die winzige Metamorphose, ein Alltagsdetail aus einer fremden Biographie wird kurz und intensiv zu meinem eigenen, eine gemeinsame Lebensminute ergibt sich; beim Vorüberfahren an einem Schlafzimmerfenster mit ausgekippter Ladung Bettwäsche bin ich diese jüngere Hausfrau da – schon vorbei, neugierig und mit einem dringenden Wunsch an ihre Adresse gewesen.

„So viel hängt ab
von
einem roten Hand-
karren
glasiert vom Regen
naß
bei den weißen Hühnern.“

Wenn ich wieder zu Haus bin, will ich mir den Gedichtband des William Carlos Williams vornehmen, plane ich. Aber wird es dazu kommen? Zu Williams' Schnappschüssen aus sehr einfachen Sätzen fallen mir die Bilder des amerikanischen Malers Edward Hopper ein. Eine Tankstelle, eine Snack Bar, Landschaft, die Williams'schen Hausfrauen, Zustandsbeschreibungen, die Lakonie der puren Aussagen: lauter Momentaufnahmen, die über die fixierte Gegenwart hinausreichen und in die jeweilige Vorgeschichte eines Portraits Zukunftserwartung integrieren. Statisch wirkt das nur, eine verborgene Spannung lauert dem Leser, der ein Betrachter ist, auf. Beruflich gesehen, imponiert mir Williams' Entschlußkraft beim Verzichten auf seinen persönlichen Kommentar. Was nicht alles versteht er, wegzulassen! Und es der Phantasie dessen, den er zum Beobachten einlädt, anzuvertrauen. Immer den „kleinen wahren Moment“, und hiermit habe ich wieder mich selber zitiert, und es sind diese Kunststückchen vom präzisen Gelingen, in solchen triftig-richtigen Momenten, denen auch ich hinterher bin.
Mit Goethes Empfehlung übrigens, wie mir jetzt einfällt: von ihm stammt das Schlüsselerlebnisgedicht „Eigentum“, und ich kann es jederzeit auswendig, vielleicht, weil ich versucht habe, es zu vertonen. Es war aber seine Botschaft, vorgewußt, mir ohnehin so immanent wie es sein muß, damit der Glücksgenuß entstehen kann, die ich zum richtigen autobiographischen

Zeitpunkt empfing: traurig damals, noch ratlos traurig, über einen, wie es zunächst doch einseitig erschien, verlorenen Vater, der gestorben war.

„Ich weiß, daß mir nichts angehört
Als der Gedanke, der ungestört
Aus meiner Seele will fließen,
Und jeder günstige Augenblick,
Den mich ein liebendes Geschick
Von Grund aus läßt genießen."

„Die möglichste Masse von vernünftigen glücklichen Momenten" solle das Leben eines Menschen, und wieder heißt es „eines vernünftigen Menschen" enthalten, notierte Goethe auf seiner Italienischen Reise am 27. 10. 1787 – und meine bundesrepublikanische Reise, im August 1982, steht unter dem gleichen Motto, wie jede andere Reise auch ... und wie zu-Haus-Bleiben erst recht.

Hermann Allmers: Feldeinsamkeit

Ich ruhe still im hohen grünen Gras
und sende lange meinen Blick nach oben,
von Grillen rings umschwirrt ohn' Unterlaß,
von Himmelsbläue wundersam umwoben.

Und schöne weiße Wolken zieh'n dahin
durchs tiefe Blau, wie schöne stille Träume;
mir ist, als ob ich längst gestorben bin,
und ziehe selig mit durch ew'ge Räume.

Plötzlich, zwischen der einen und der nächsten Unschlüssigkeit, bin ich beim planlosen Lesen in einer Lyrikanthologie auf den Titel „Feldeinsamkeit“ gestoßen und habe mich gefreut. Warum? Endlich hatte ich den Text zu einer sehr geliebten Melodie gefunden. Den Namen des Verfassers las ich zum ersten Mal. Es war schwierig, etwas zu erfahren über ihn, der von 1821 bis 1902 in Rechtenfleth bei Bremen als Bauer lebte, unterm Einfluß des Naturforschers Haeckel wissenschaftliche und künstlerische Studien betrieb, Ehrendoktor der Philosophie in Heidelberg wurde; der dichtete, malte, komponierte: eine Art Folklorist, um dessen Angedenken sich heute noch in Allmersheim eine „Allmers-Gesellschaft“ kümmert.
Und warum entdecke ich in diesem bis jetzt Unbekannten einen Altbekannten? Die vorletzte Zeile von „Feldeinsamkeit“ begleitet mich seit meiner Kindheit, und immer, wenn sie mir zufällig einfällt, kann ich mich durch sie angenehm melancholisieren. Allerdings: mit Johannes Brahms' Hilfe. Der Satz fällt mir als Musikzeile ein. Brahms hat das Gedicht von Allmers vertont und mir dessen Glücks- und Trauerschönheit erst erschlossen. Nachträglich läßt sich nicht klären, ob ich für diese Verse ohne die Musik empfänglich wäre.
Also „hörte“ ich, nun von Anfang an lesend, die zwei Strophen; ich hörte, zur Klavierbegleitung meines damals sehr

jungen älteren Bruders, meiner Mutter zu, die für ihren Gesangsunterricht übte. Schon bevor die Natur „Umwelt“ hieß – ihre Moribundenbezeichnung –, empfand ich zum Beispiel eine hochsommerliche Ruheseligkeit wie die des Einsamen im Feld nur in einer Kunstform mit; im „wirklichen“ Gras würden Insekten, Hitze, Heuschnupfen stören. Fehlt nicht aber auch bei Allmers jegliche naiv-robuste Natur-Lust? „Ich ruhe still ...“ kündigt an, wie wenig ich es mit der heutigen Freizeit-Auffassung zu tun bekommen werde. Diesen Freund der „Feldeinsamkeit“ müßte die Ausflüglermentalität unserer Ära verscheuchen. Wozu dient ihm sein Ausruhen im „hohen grünen Gras“? Er schaut „nach oben“, in Kierkegaards Lieblingsblickrichtung, und mich freut Allmers’ Kunstinstinkt, durch den verschwiegen bleibt, warum „oben“ das ersehnte Ziel ist. Es gibt kein Genügen zwischen den Grillen und unter den Wolken.

Das irdische Glücksgefühl zerfließt in Träume, die schön und still sind, bis hin zur entscheidenden Zäsur, markiert durch Strichpunkt und Gedankenstrich. Die trennen die Erdenbehaglichkeit ab vom endlich befriedigten Todestrieb. Wer hat mit dieser Abkehr gerechnet? Wer erschrickt? Nur der, dem die Zeitlichkeit ausreicht. Der lange Blick nach oben aus der zweiten Zeile war ein Vorbote der Hinwendung zur transzendenten Vision, ohne die das Gedicht bloß eine sinnlich-szenische Verträumtheitsidylle bliebe, und ich hätte gedacht: Ach, Naturlyrik, ach, Allmers, gut warst du dran in deiner Zeit unter unvergifteten Wolken im bleifreien Gras. Sie konnten guten Gewissens besungen werden, sogar in Reimen (obgleich das Wort „bin“, das zu „dahin“ passen soll, im Konjunktiv stehen müßte).

Aber wir haben sie ja, die interessante Pointe: den Todeseindruck, die schöne Täuschung. Feldeinsamkeitswahrnehmung spiegelt die Ewigkeit wider. Keine trübe Stimmung, keine Abschiedskläglichkeit. Vielmehr schätzt der Sterbensträumer, wie infiziert mit den Wolken dahinziehend, sich „selig“, tot zu sein.

Und sogar: „längst“! Das schließt alle nur weich-wehmütige Todesspielerei aus. Das Wort „längst“ ist definitiv, und es gibt dieser Zeile einen radikalen Schub. „Der Abschied ist gemacht“ aus Bachs Kantate „Ich habe genug“ fällt mir ein. Schluß mit dem gelegentlich in einer „Feldeinsamkeit“ ja doch sehr verlockenden, aber alles in allem unzulänglichen Diesseits.

Ich höre wieder den Gesang meiner Mutter, die jedes meiner Kinderbedürfnisse befriedigen konnte. Die meisten galten gewiß der Lebenslust, damals. Aber ein großes rätselhaftes Verlangen nach Melancholie spürte ich auch, und meine Mutter ließ mich teilnehmen an der Höchstdosis: Feldeinsamkeit.

Friedrich Rückert: Über alle Gräber

Über alle Gräber wächst zuletzt das Gras,
alle Wunden heilt die Zeit, ein Trost ist das,
wohl der schlechteste, den man kann erteilen;
armes Herz, du willst nicht, daß die Wunden heilen.
Etwas hast du noch, solang es schmerzlich brennt;
das Verschmerzte nur ist tot und abgetrennt.

Mit Friedrich Rückerts „schlechtestem Trost" fängt es in der Biographie eines Menschen früh an. Das wird ja wieder gut, sichern die Eltern dem Kind zu, das sich wehgetan hat. Schon legt das Kind beim Weinen kurze Pausen ein. Sein Lieblingsspielzeug ist zerbrochen, und die Eltern versprechen ihm: Nur Geduld, du wirst das verschmerzen. Jemand hat das Kind gekränkt, aber die Eltern wissen jetzt schon: Nicht mehr lang, und du wirst dein Unglück vergessen. Dreimal hat das Kind den Eltern nicht glauben können, doch dreimal haben die Eltern recht behalten. Ebenso wie später die guten Freunde: Laß Gras drüber wachsen, mit der Zeit legt sich das, trösten sie einen zum ersten Mal von der Liebe Enttäuschten, der beim zweiten Mal weiß, daß sich die Freunde nicht geirrt haben. Doch keine Aussicht auf die schmerzfreie Zukunft lindert die Seelennot in der Gegenwart. Kein Zuspruch nützt erst recht dem, den der Tod von einem geliebten Menschen getrennt hat. Aus Pietät wendet bei ihm niemand die banale Trosttherapie von der alle Wunden heilenden Zeit an. Aber auch er erlebt wie das schneller getröstete Kind den Tag, an dem ihm seine Vergeßlichkeit auffällt. Es geht mir ja ganz gut, vorhin habe ich gelacht, ich habe mich dafür interessiert, was ich esse, anziehe, lese, ob es mir Vergnügen machen wird, mich mit X zu treffen – mein Menschenverlust nur wie eine Polymyalgia, also schließlich vergänglich?

Lacht er weiter, der vom Schwersten Betroffene, dem es besser geht? Wird der von der Zeit Geheilte seiner Gesundheit froh? Nein. In Friedrich Rückerts Gedicht erschrickt er vor der Hinfälligkeit seiner Trauer. Durch die schrecklich kreatürliche Unfähigkeit, dauerhaft zu leiden, fühlt er sich blamiert. „Wenn meine Schmerzen schweigen/Wer sagt mir dann von ihr?" singt Schubert/Müllers Winterreisender, dem zusammen mit den akuten Schmerzen die geliebte Person selber entschwindet.

Das Gedicht ist nicht tröstend, denn Rückert ist untröstlich über den geistlosen Trost durchs Zeitvergehen. Der Dichter beschwichtigt den Leser nicht, er kommt nach zwei getragenen Zeilen gleich zur Sache: zur Kritik an der Gedächtnisschwäche, am Defizit der Schmerztreue. Das bringt ihn in der dritten Zeile aus dem metrischen Schema; statt etwa zu schreiben: „Keinen schlechteren kann man erteilen", tut er lieber der Wortstellung Zwang an.

Rückert registriert die Binsenweisheit vom „Gras", das über alles wächst, auch „über alle Gräber". Das Graswachstum als Metapher für ausschleichendes Unglück, Leidverblassen, Abgewöhnen, Eingewöhnen. Das Leben geht weiter: ein triviales Fazit. Manche Leute, die unglücklichen anderen Leuten helfen wollen oder die ihr Verlangen nach eigener schneller Rekonvaleszenz rechtfertigen, steigern die brutale Maxime so: Das Leben *muß* weitergehen. Muß es das? Rückert verachtet solche Seelenmechanismen, und daß Verlaß auf sie ist, gilt ihm als der „schlechteste Trost". Man könnte doch wenigstens seinen Schmerz unvergänglich zu machen versuchen. Ein Mensch lebt nicht mehr, aber das Verlustgefühl, es müßte nicht sterben. Was die meisten beschwichtigt, empört den Verfasser der sechs Gedichtzeilen.

Wir alle wissen es, so wie er es weiß: Wir haben sehr gelitten, wir haben selber nicht weiterleben wollen. Dann aber – Zeit verging, nichts sonst – merken wir plötzlich auf, mitten im Gedanken an werweißwas, nur nicht an unseren furchtbaren Verlust, und da ist sie, die Erinnerung, seit langer Zeit wieder.

Wir schämen uns, vielleicht geht jemand auf den Friedhof, vielleicht spricht einer ein Gebet ... aber fast genießerisch, all die Wehmutshandlungen! Die Häßlichkeit der früheren Verzweiflung ist nicht rekonstruierbar. Wir haben beides verloren: den Gegenstand des Kummers und den Kummer.
Das Kind spielt mit dem neuen Spielzeug. Die Witwe gießt das Grabpflänzchen und nicht mehr sein Weinglas voll. Beim Sortieren ihrer Sachen spürt der Witwer noch einmal die volle Wucht des Entsetzens – doch hat das nur eine Stunde gedauert, und nun geht es ihm wieder gut. Insekten trauern überhaupt nicht.

Johann Christian Günther: Abendlied

Abermal ein Teil vom Jahre,
Abermal ein Tag vollbracht;
Abermal ein Brett zur Bahre
Und ein Schritt zur Gruft gemacht.
Also nähert sich die Zeit
Nach und nach der Ewigkeit,
Also müssen wir auf Erden
Zu dem Tode reifer werden.

Herr und Schöpfer aller Dinge,
Der du mir den Tag verliehn,
Höre, was ich tränend singe,
Laß mich würdig niederknien:
Nimm das Abendopfer hin,
Das ich heute schuldig bin;
Denn es sind nicht schlechte Sünden,
Welche mich dazu verbinden.

Treuer Vater, deine Güte
Heißet überschwenglich groß,
Drum erquicke mein Gemüte,
Sprich mich ledig, frei und los.
Gib der Buße stets Gehör,
Denn dein Knecht verspricht nunmehr,
Dein Gesetze, deinen Willen
Nach Vermögen zu erfüllen.

Das Verdienst der vielen Wunden,
Die mein Heiland scharf gefühlt,
Hat in seinen Todesstunden
Deine Zornglut abgekühlt.
Schweig, wenn dieses Lösegeld

Meiner Schuld die Waage hält,
Und beschicke mich im Schlafe
Durch kein Aufbot deiner Strafe.

Laß mich an der Brust erwarmen,
Die am Kreuze nackend hing;
Wiege mich in dessen Armen,
Der den Schächer noch umfing;
Stelle mir der Engel Chor
Als die beste Schildwacht vor!
Satan möchte sonst ein Schröcken
In der Finsternüs erwecken.

Schütze den, der meiner Liebe
An das Herz gebunden ist,
Daß kein Fall sein Ohr betrübe,
Das vielleicht den Seiger mißt.
Stärk ihm den betrübten Geist,
Wenn er bittre Salsen speist,
Und laß noch in diesem Leben
Uns einander wiedergeben.

Trag das Alter meiner Eltern
Auf den Flügeln deiner Hut,
Tritt vor sie die Schwachheitskeltern;
Mehre derer Hab und Gut,
Die mir jemals Guts getan;
Nimm dich meiner Freundschaft an
Und verzeih den Lästerungen,
Über die ich oft gesprungen.

Segne die gerechten Waffen
Deiner werten Christenheit
Uns den Frieden herzuschaffen,
Den der Feind zu stehlen dräut;

Halt den Schatten rechter Hand
Über unser Vaterland,
Daß die drei berühmten Plagen
Weder Vieh noch Völker schlagen.

Gute Nacht, ihr eitlen Sorgen;
Ich begehre meiner Ruh.
Jesus schließet bis auf morgen
Auge, Tür und Kammer zu.
Sanftes Lager, sei gegrüßt,
Weil du dessen Vorbild bist,
Das ich dermaleinst im Grabe
Sicher zu gewarten habe.

Vierundzwanzig Zeilen seiner TROST-ARIA beginnt Johann Christian Günther mit dem Stoßseufzerwort „endlich" beim Bedenken der Vergänglichkeit, und er zählt auf, womit es einmal aus und vorbei sein wird. Sehnsucht ausatmendes „endlich"! Wie eine Vorstufe zu dieser Erleichterung, die den Tod vorwegnimmt, lese ich das Gedicht „Abendlied", dessen erste drei Zeilen das Adverb „abermal" einleiten. In „abermal" drückt sich, ganz anders als im siegreichen „endlich", doch ebenfalls seufzerhaft die ermüdende Monotonie der täglichen Wiederholung aus. „Das Leben ist kurz, aber der Tag ist lang." Gemessen an Goethes paradoxer Diagnose beruhigt plötzlich Günthers „abermal". Denn „am Abend" ist, im kurzen Leben, ein langer Tag „vollbracht". Gar nicht triumphal, eher unauffällig lockt in der sechsten Zeile als Lohn der Ausdauer die Ewigkeit. Trost liegt hier ausschließlich in der unbezweifelten Gewißheit.
Aber bis dorthin geht der Dichter einen düsteren Gedankenweg. In jedem gewöhnlichen Augenblick, den wir überlebt haben, erkennt er einzig das Vorrücken auf den Tod. Wenn das so ist – „ein Teil vom Jahre vorbei": meine Lebenszeit hat sich verkürzt –, wie kommt es, daß ich aufatme? Endlich Abend!

Wenn das so ist – „abermal ein Brett zur Bahre" –, warum besänftigt mich die einsetzende Dämmerung? Ich habe einen „Schritt zur Gruft" gemacht, und unbekümmert schließe ich die Jalousien, lasse, mehr „endlich" als „abermal", die Rolläden herunter. Sperre die Haustür zu und finde das behaglich, obwohl ich etwas kürzer noch zu leben habe als am Morgen desselben Tages? Wünsche ich mir denn unbewußt, „nach und nach der Ewigkeit" näherzukommen? Das „Abermal"-Gefühl, am Morgen ein fast gottloser Dank dafür, immer noch auf dieser Seite des Todes zu sein, wird im Tagesverlauf bedrückend selbst für die Frommen: die mittags sehr depressiven Zisterzienser-Mönche! Sobald uns das Talent verläßt, unser tägliches Tun wichtig und hochinteressant zu finden, stöhnen wir unter dem „abermal". Sogar nach einem geglückten Tag ist der Abend willkommen. Lasse ich mich jedoch überhaupt bei solcher Wohltatsempfindung auf Günthers gelassene Ernsthaftigkeit ein? Etwa indem ich es wie er dem Paulus gleichtue und „bedenke, daß ich davon muß, auf daß ich klug werde"?
Was antworten Menschen auf die Frage: Wie möchten Sie sterben? Sie sagen „lieber nie" oder „wenn es überhaupt sein muß: im Schlaf". Nicht erfreuliche Lebenslust offenbart sich hier, sondern unerfreuliche Todesangst. „Zum Tode reifer" zu werden, Günthers Programm, hat keiner, der so antwortet, geübt. Neulich empfahl eine unternehmungslustige Frau einer nicht unternehmungslustigen Frau, was wir Menschen brauchten, sei mehr Vertrauen zum Leben. Dringend brauchen wir mehr Vertrauen zum Tod. Unser Leben ist ein Davonlaufen vor seinem Ende, gekrallt an Ablenkungen. Der für unheilbar gehaltene Patient, 85, wird geheilt und freut sich sehr. Nicht einmal Päpste wollen sterben! Kardinalsgebete flehen um ihr Leben!
Das Leben ist eine Beschäftigungstherapie. Günther wußte das auch, und gerade deshalb riet er zu einer strengen, nicht unfreundlichen Heilmethode. Ich höre keine erhobene Stimme, ich sehe keinen drohenden Zeigefinger vor mir. Ge-

duldig lehrt das Gedicht, was wir „auf Erden“ tun müßten, damit es unseren Seelen gelänge, sich wohlzubefinden.
Strophe für Strophe fügt der Dichter seinen Menschenschwachheiten die Ewigkeitssehnsucht an. Er erbittet von des „treuen Vaters Güte“ die Lossprechung: „Sprich mich ledig, frei und los“; vergißt auch die alten Eltern nicht und sagt schließlich seinen „eitlen Sorgen“ das definitive „Gute Nacht“. Kein Zweifel, er ist so weit, glaubenssüchtig entscheidet er: „Ich begehre meiner Ruh.“
Schuberts Winterreisender war enttäuscht, als der Rauhreif auf seinem Haar taute: „Hab wieder schwarze Haare ... wie weit noch bis zur Bahre.“ Bach läßt seinen Gläubigen singen: „Ich freue mich auf meinen Tod.“ Er ist schon am Ziel, zu dem Günthers Gedicht sich noch hinsehnt.

Reiner Kunze: Bittgedanke, dir zu Füßen

Bittgedanke, dir zu Füßen

Stirb früher als ich, um ein weniges
früher

Damit nicht du
den weg zum haus
allein zurückgehn mußt

Ich lese die Zeitung. Ehe ich die Seite mit den Todesanzeigen umschlage, prüfe ich, ob einem der Verfasser die pure Annoncierung seines Toten nicht genügt hat. Bisher habe ich noch jedes Mal weltliche Trostversuche und Abschiedssprüche läppisch gefunden, untauglich und um die Ewigkeit selber weit hinterher allem, womit Bibelzitate beruhigen, indem sie auf die einzige über unser Dasein hinausreichende Zuversicht verweisen. Sie allein wecken die Phantasie auf, spenden Hoffnung: den Lebenden für die Gestorbenen. Bis ich neulich diesen Fund machte, rechts oben auf der Anzeige, links das Kreuz, Reiner Kunzes „Bittgedanke". Immer wieder mußte ich an diese fünf Zeilen denken, in denen eine lange Liebesgeschichte verdichtet und dem Tod konfrontiert ist. Ich suchte nach der längst weggelegten Zeitungsseite und schnitt die Anzeige aus: Ein kurzes Gedicht mit langer Wirkung.
Wie in einem Film macht eine kleine Szene als Standbild halt. Auf diesem Bild sehe ich jemanden, der, von einem Begräbnis zurückkehrend, die Witwe beobachtet. Die Aura des Verwaistseins, in der sie isoliert ist, erleuchtet ihn blitzartig: So soll seine Frau nicht eines Tages „den weg zum haus / allein zurückgehn" müssen. Der Weg versinnbildlicht ihr zukünftiges Witwenleben. Des Beobachters stummes Flehen „Stirb früher als ich" tritt aus dem Bild vom furchtbaren Heimweg heraus. Ich stelle mir diesen Mann und seine Frau vor. Dem Tristan-

und Isolde-Stadium sind sie seit langem entwachsen, ihre Zusammengehörigkeit ist erlaubt und dauert schon viele Jahre, ihre Liebe ist fortgeschritten, nicht mehr Rausch und Stimulans, der Gedanke an die Vergänglichkeit hat sich eingeschlichen. Sie haben den Liebeszustand der Fürsorglichkeit erreicht, den junge Liebende langweilig finden und der doch alles andere als geruhsam ist, vielmehr sehr anstrengend, denn der Tod, ihrer oder seiner, wird nun immer mitbedacht. Und dieser Tod, ihrer oder seiner, muß dem, der vorerst übrigbleibt, dennoch ein Liebestod sein. Keiner von beiden überschätzt sich, wenn er seinen Tod für die schmerzlichste Zumutung an den anderen hält. Sie wissen, was sie aneinander haben. Es geht nicht um ein Endlosband der Höhepunkte, sondern um die unentbehrliche Gewohnheit, das Existenzsystem, um Rituale, nach denen sie leben.

„Stirb früher": Was für eine, auf den ersten Blick, tabuverletzende Bitte. Ungeheuerliche Liebesumsicht, denke ich aber sofort, denn hier will jemand den geliebten Menschen schützen und schonen. Traditionell verkünden wir, und erkennen auch gar nicht im selbstlosen Edelmut den Denkfehler: Ich will vor dir sterben! Kunze hat genauer nachgedacht, sich tiefer in den Zurückbleibenden eingefühlt, und deshalb, ohne Tremolo in der Stimme, ändert er die pathetische Reihenfolge gänzlich unpathetisch. Denn „laß mich früher sterben", die herkömmliche Bitte, offenbart den Wunsch, sich vor Seelenqual und, alltäglich betrachtet, Unbequemlichkeit zu drücken.

Das verletzende Im-Stich-Gelassensein in der Standbild-Szene genügt Kunze zum Heraufbeschwören des Restlebenselends; er hebt den Weg nach Haus aus dem Leidsyndrom, das trauriger, ernsthafter, anschaulicher nicht wiederzugeben wäre. Ich betrachte das ältere Paar. Ihr Zusammenleben ist Glücksfall und Strapaze zugleich. Sie müssen leider Angst umeinander haben. Iß genug! Zieh dich warm an! Hast du auch deine Medikamente nicht vergessen? Paß auf der Kreuzung auf! Und geh nicht zu spät ins Bett, sei vernünftig. Klingt nicht

alles ständig nach: Lebe länger? Und es ist auch so gemeint, heißt aber nicht: Überlebe mich. Gleichwohl ist „stirb früher“ eine völlig neue Epiphanie. Konzentriertes, vorausempfindendes Mitleid. Kunze meint seinen Bittgedanken aufs äußerste gut.
Wer tot ist, macht Erfahrungen, die wir nicht kennen; ich will unterstellen: Er ist erlöst. (Diese Hoffnung läßt mir das Gedicht). Wer weiterlebt, ist das ganz und gar nicht. Hinterbliebene erklären, die erste Zeit nach dem Tod des Partners sei weniger schlimm gewesen als die Ruhe nach den Scherereien mit Formalitäten, die sich als Ablenkungen bewährt hätten. Ich kann mir das so wenig vorstellen wie Kunze, der mich hier lehrt, am Beispiel Tod alles Gewohnte umgekehrt zu denken. Tat mir denn nicht, bevor ich diesen wahrhaft frommen Wunsch kannte, doch am meisten der Tote leid? Diesen Kaffee jetzt kann er nicht mehr trinken. Er kann nicht mehr mit nach X fahren, er verpaßt diese Nachricht, diesen Film hätte er gern gesehen, etwas, worauf er sich gefreut hat, entgeht ihm, dieser Artikel hätte ihn interessiert. Lauter lebensanhängliche Gedanken aus lauter Todesangst. Nun setzt aber der mit der Liebesbitte voraus, der Tod sei weniger zu fürchten als das Leben. „Stirb früher“, ja, jedoch: „... um ein weniges“ nur. Da spricht kein Lustiger Witwer. Er will bald folgen. Hauptsache, die geliebte Person muß nicht „allein zurückgehn“.
Das kleine Bild prägt sich tief ein. „Stirb früher“, empfiehlt Kunze so sanft, als gehe es um den harmlosesten aller Zusprüche. Schlaf vor mir ein, ich warte so lang, beruhigt der Mann seine Frau, die Angst hat vor seinem Schnarchen.

Bertolt Brecht: Der Radwechsel

Ich sitze am Straßenrand
Der Fahrer wechselt das Rad.
Ich bin nicht gern, wo ich herkomme.
Ich bin nicht gern, wo ich hinfahre.
Warum sehe ich den Radwechsel
Mit Ungeduld?

Mein Blick fällt auf einen unscheinbaren Vorgang. Vom unerheblichen Zwischenfall aufgehalten, läßt der Berichtende an seiner allumfassenden Lustlosigkeit keinen Zweifel. Die Panne behebt der Fahrer, dessen Arbeit er nicht schildert, weil sie ihn nicht interessiert. Wartend am Straßenrand prüft er seine Empfindung. Unumwunden gibt er die bittere Information: über die ungeliebte Herkunft, das genauso ungeliebte Ziel. Hat er nur einen schlechten Tag? Auf den ersten Blick, vorerst nur bis zum Ende der vierten Zeile, scheint die Lage aussichtslos.
Beim Weiterlesen erfahre ich allerdings, daß ich es mit einem gar nicht apathischen Passagier zu tun habe. Ungeduldig ist er. Obwohl ihn die Weiterfahrt nicht reizt? Hier spricht kein fröhlicher Tourist, den der erzwungene Aufenthalt nur deshalb stört, weil er ihm Zeit für sein neugieriges Vergnügen an der nächsten Station stiehlt. Muntere Leute würden ihn einen Spielverderber nennen. Sag *ja* zu deiner Reise, verdirb uns nicht die Laune, wir möchten bleiben, wie wir sind, aus Gedankenlosigkeit reiselustig.
Ich sehe die Straße und den defekten Wagen, den Fahrer mit dem Rad, den Wartenden vor mir, die ganze Kulisse, das ziemlich öde Bild. Brechts Geheimnis: Wortkarg liefert er zu der Diagnose einer Gemütsverfassung das Portrait des Reisenden in der Landschaft mit. „Ich bin nicht gern ...“: Das klingt viel unwiderruflicher traurig als, ohne die ernste Zurückhaltung,

etwa: „Ich hasse, ich verabscheue ..." Wut könnte vorübergehend sein und wäre therapiefähig. Brechts Feststellung kündet von Unheilbarkeit, der Seinsbefund ist endgültig. Erschiene da nicht dieser Lichtblick, paradoxerweise durch das unbequeme, unbekömmliche Gefühl der Ungeduld. Etwas muß es geben, das der nostalgische, noch vorwärtsstrebende Reisende doch erwartet.
Woher diese Unruhe? Das Gedicht gehört in den Zusammenhang der „Buckower Elegien" und könnte vermutlich autobiographisch, politisch gedeutet werden. Ich nehme die Ungeduld lieber aus allem möglichen Bescheidwissen (oder Mutmaßen, Unterstellen) heraus und erkenne in ihr eine Lebensnervosität. Die kleine Reise von da nach dort steht für die Strecke von allerdings unbekanntem Maß, die wir Menschen von unserem Anfang bis zu unserem Ende zurücklegen.
Der kurze Aufenthalt ist dem Ungeduldigen zu lang. Wie leichtsinnig wünschen wir sehr oft – denn Lebenszeit läuft ab –, wir hätten, im kurzen Leben, den langen Tag schon hinter uns. Oder tröstet nicht gerade solches Weitersehnen? Das Gedicht verweist auf ein Verlangen, das dem Menschen einwohnt und für das es keinen irdischen Platz gibt. Man muß nicht gläubig sein – obgleich das angenehmer wäre –, um sich seiner Unerlöstheit bewußt zu werden und die innere Ungeduld als Todeshoffnung zu empfinden. Im Verschweigen ewigkeitssüchtiger Gefühle, im Weglassen aller Hinweise auf die Parabelhaftigkeit des Vorgangs Radwechsel offenbart sich Brechts Kunstinstinkt, und indem er nicht erklärt, kommt es zum bewunderungswürdigen Gelingen dieser paar Zeilen.
Alles, was wir Menschen zu Lebzeiten nicht verstehen können, es steckt in der Frage, mit der uns der geschickte Brecht auch noch nach der letzten Zeile nicht eigentlich entläßt:„Warum sehe ich den Radwechsel/Mit Ungeduld?" Und für die, denen der Wegweiser fehlt: Weil Brecht keine Antwort gibt, verliert das Gedicht seine Bodenhaftung. Nur weil die Frage offenbleibt, läßt es die Erdschwere hinter sich.

II. PROSA

Habgier

Gestern ist es passiert. Wir können es noch nicht glauben, Vater und ich. Vater: das ist mein Mann. Wir nennen einander Vater und Mutter, weil wir finden, es schließt uns noch enger zur Familie zusammen und zahlt sich aus. Vaterautorität und Mutterschaft – sie sollten nicht durch irgendwelche privaten Vornamen behelligt werden. Wenn man einem Kind rechtzeitig zu verstehen gibt: dies ist eine Mutter und nur eine Mutter und keine Susi Margot Elsbeth, was weiß ich – so muß das einfach auf den Instinkt und so weiter einwirken, denken wir uns wenigstens. Wir sind ja nicht Leute, die in den Tag hinein leben. Wie viele Familien gibt es ringsum, wo alte Eltern auf die gerechtfertigte Dankbarkeit ihrer Kinder verzichten müssen, anders ausgedrückt: auf fremde Hilfe in Heimen und sonstwo angewiesen sind. Vater und ich, wir finden allerdings, diese dann zwar Bedauernswerten sind im Grunde selbst schuld an ihrem Los. Zur Dankbarkeit muß man sein Kind vom ersten Tag an, ich möchte fast sagen: vom Mutterleib an erziehen.
Immerhin: man schenkt ihnen ja das Leben, eine Gabe gewissermaßen aufs Geratewohl. Die Liebe zu Vater und Mutter kommt nun mal der Rückerstattung einer Schuld gleich, aber einer schönen Schuld, in der Tat. Der schönsten, würde ich sagen.
Gestern ist es passiert. Ich faß es nicht.
Vater, zu dem ich übrigens aufblicke, kommt offenbar eher drüber weg – doch dies mutmaße ich lediglich, denn daß er jetzt schon wieder sich mit Großmutters Testamentsentwürfen befaßt, tief darüber gebeugt und kritzelnd und auf Änderungen aus, daß er das tut und somit unser Familienleben weitertreibt in Richtung Erbe, das hat wohl nichts mit seinem Schmerz als Vater Kurts zu tun, Schmerz nicht nur, wir sind auch sehr aufgebracht, sehr.

Schrecklich. Alles ging so glatt, seither. Vor allem nach Töchterchen Gittis Geburt, dieser Belohnung für vier Söhne. Gittilein, wirklich noch süßer, als wir's zu träumen wagten. Und ideale Paten. Natürlich spielt es eine Rolle, daß Gitti so reizend aussieht: die ohnehin großzügige Tante Bertel kann sich gar nicht oft genug mit immer geschmackvollen, immer brauchbaren und immer außerdem noch kostspieligen Geschenken zeigen. Gitti: das war und ist wirklich ein Treffer. Auch im Hinblick auf Irenes Patenschaft: sie kriegt keine Kinder, diese Arme, und sieht dies nun auch ein, hat sich damit abgefunden und ganz und gar auf Gittilein eingestellt; reich ist sie nicht, gewiß, aber Liebe vermag viel, gerade so eine Abart, gemischt mit Verzicht na und all dem, Traurigkeit, was weiß ich. Übrigens: Paten! Ein Kapitel für sich, weiß Gott. Bei Manfred, unserem Zweiten, hatten wir Pech. Onkel Max brachte sich ja sogar um! Heut lacht man drüber, aber damals war's ein rechter Schock für Vater und mich, immerhin war Manfred erst drei, und mehr als zehn Jahre Patenschaft fielen buchstäblich und um so mehr ins Wasser, als es das Wasser war, die graue belgische See, wo Onkel Leichtfuß seinen Tod suchte und fand. So blieben bei Manfred damals nur Onkel Herbst, dessen Geschäft von Jahr zu Jahr schlechter ging, und mein Bruder Theo, ein regelrechter Reinfall und alles andere als kinderlieb. Man weiß eben nie, ich meine, man ist kein Prophet, obschon in den anderen Fällen waren wir's eigentlich, Propheten, meine ich. Eberhard, unser Ältester, na, der hat doch großes Glück gehabt, und weit über die Konfirmation hinaus verlor Onkel Willmann nicht das Interesse an ihm; es hat sich auch außerordentlich bewährt, daß wir Eberhard von vornherein auf Musikliebhaber abgerichtet haben, erstens: weil schließlich doch eine wahre Liebhaberei daraus wurde, und wie herrlich ist's, Musik zu lieben, nichts gegen ideelle Werte; zweitens: weil durch diese Orientierung in seine Geschenke ein gewisses System kam, er hat ja schon eine richtige kleine, wie sagt man, Diskothek, sagt er. Klavier war bis zum heutigen

Tag doch immer noch zu teuer, dafür bläst er Flöte und besitzt, ohne sie zu blasen, eine Klarinette, außerdem Gitarre und fürs Schulorchester ein Triangel. Es ist schon nett, dieser ordentlichen, vernünftig kontrollierten Entwicklung zuzusehen. Vater und ich, wir fanden auch von jeher, daß es gut ist, einen kleinen Künstler in der Familie zu haben, der ist dann zuständig für kleine Darbietungen im größeren Kreis an Weihnachten etwa, Eberhard hat in jedem Jahr unterm Baum was Hübsches vorzuspielen, es macht sich gut, ja, abgesehen vom Gewinn, besonders Onkel Rehbein gibt immer reichlich.

Und Eberhard hat auch gestern gespielt. Gestern war Konfirmation unseres Dritten. Kurt. Ich red jetzt gar nicht von all dem Kummer, den er, gerade er, seinen Eltern bereitet hat. Jetzt erst wieder, zum Muttertag kürzlich, stand er doch als einziger mit leeren Händen vorm Gabentisch. Allerdings, woher dies Versäumnis stammt, das wissen wir: aus der Quelle Theo und Frau; mein Bruder Theo hat für vierzehn dringende Ruhetage, die Vater mir verordnete, Kurt aufgenommen – Eberhard war bei Rehbeins, Manfred bei den Großeltern, wo er übrigens sehr hübsch und gegen fast großzügige Bezahlung den Garten betreut hat – Kurt wie gesagt bei Theo und Schwägerin Karla, Mopi bei – na ja, es ist nicht so wichtig und hat wenig mit gestern zu tun, nur noch dies: Gittilein blieb bei uns und schadete meiner Erholung keineswegs. Süß ist die, o je! Bei Bruder Theo und Frau hat Kurt zersetzende Äußerungen vor allem auch über den Muttertag zu hören bekommen, das ist uns völlig klar, und deshalb stand er neulich an jenem sonnigen Morgen fast patzig und ohne Geschenk mir gegenüber, immerhin mit Schwierigkeiten beim Aufblicken. Nun ist zwar Kurt unbemittelter als seine Brüder, da er ja leider, leider für gute Noten nichts einheimsen kann: seine Schuld. Und spart für ein Rad. Schön. Das hat aber nichts damit zu tun, daß er seiner Mutter an diesem Tag – nun, es stammt von diesen beiden, die ihm was erzählt haben von Politik, ich frag mich, was sollen Kinder mit solchen Erörterungen und Aufschlüssen, was sollen sie damit, was geht es sie an, inwiefern rüttelt an ihrer eigenen Mutterverehrung der Vorwurf gegen eine politische Vergangenheit, von deren Schlechtigkeit ich allerdings, was soll ich's verschweigen, den ganzen Komplex rings um die Frau, um das Bild der Mutter, durchaus ausklammern möchte – eine Mutter muß verehrt werden, basta. Die Würde der Mutter, ja. Des Mütterlichen. Wert und Notwendigkeit, die Mutter zu feiern – dies tilgt kein politisches Schönheitsfehlerchen, bestimmt nicht. Auf Grund einer reizenden Idee unseres Vaters servierte die ganze Familie mir diesmal meine Geschenke auf einem entzückenden neuen Teewagen, direkt ans Bett, ich hab aber doch erst später am Frühstückstisch ausgepackt. Blumen, Blumen, selbstverständlich. Von Vater ein Schmuckstück, das ich hier nicht weiter erwähne und auch nur Eberhard als dem Ältesten gezeigt habe, von Eberhard selber süße Servietten mit Etui, von Manfred eine kleine niedliche Maus aus Holz, sehr niedlich, wenn ich auch mit dem Gedanken spiele, sie entweder schon in diesem Jahr oder im nächsten am 4. 8. an Erika weiterzuverschenken, ihr Geburtstag ist immer so prekär, mitten in der Ferienzeit, man hat einfach so wenig übrig dann. Mopi war weniger großzügig und hat sich mit einer Pralinenmarke begnügt, deren Preis ich kenne – aber immerhin, ich will nichts sagen und habe nichts gesagt, er ist unser kleiner Geizkragen und, offengestanden, Vater und ich lassen ihn dabei, warum nicht, vielleicht ist's sogar mal er, der Großvaters Geschäft übernimmt, und wir haben nichts gegen Sparsamkeit, gewiß nicht. Und Gittilein, der weißblonde Schatz, hielt zwischen den zuckrigen Speckfingern eine Orchidee – natürlich vom Vater gekauft, aber war das ein Bild, zum Malen! Ja. So viel über den Muttertag. Zusammenfassend: eine Mutter, ich sage das in aller Bescheidenheit, ist doch nun mal was anderes als ein Vater, ich meine: mehr. Sie ist mehr, doch. Bei allem Respekt für Väter, bestimmt. Mutter sein heißt – na ja. Es ist schon wahr. Sie vermehrt ja auch die Familie. Sie schafft ihr den Besitz an Kindern.

Gestern gestern gestern. Ich bin sonst gar nicht so. Ich bin sonst beherrscht, wirklich. Kurts Konfirmation. Kurt, der Sorgensohn. Sorgen, in der Schule und wo nicht. Bockig und halsstarrig, wie er sich aufführt, trotz Jugendgruppe, sie formt ihn längst nicht so wie die Brüder, Manfred zum Beispiel hat so unglaublich profitiert in seiner Gruppe, Sektion „Schwert und Siegel“.

Dennoch haben Vater und ich beschlossen: seine Konfirmationsfeier soll er haben, natürlich etwas knapper als bei Eberhard und Manfred, aber immerhin, Sekt mindestens, schon im Hinblick auf die Verwandten und so, Kurts Paten haben schließlich ein Anrecht auf etwas Stimmung. Ich mag Konfirmationen. Ich mag sie lieber als Geburtstage, von Weihnachten ganz zu schweigen, das rentiert sich ja kaum noch, wenn die Verwandtschaft groß ist wie bei uns, ich meine, die noch so generöse und auch wohlhabende Tante Bertel zum Beispiel kann ganz einfach nicht pro Kind mehr als einen Zwanziger veranschlagen, allerdings macht neuerdings unser Gittilein eine Ausnahme, sie ist halt zu süß, bei ihr hört man auf zu rechnen, vollends Irene, die ihr kürzlich ohne jeden festlichen Kalenderanlaß ein goldenes Medaillon schenkte mit eingravierten Initialen und Adresse, damit sie niemals verlorengehen kann, entzückend und sicher hübsch teuer. Es gibt Paten, die sich kaum rühren anläßlich eines Geburtstags, gibt’s!

Aber an einer Konfirmation kommt keiner vorbei. Man kann zur Kirche stehen, wie man will, und wir, Vater und ich, wir stehen ihr gar nicht mal so nah, ich meine: nicht übertrieben – aber ich finde, für Feierlichkeiten sorgt sie, das ja. Und so ein Konfirmationswunschzettel sieht denn auch viel stattlicher aus als irgendein anderer. Nun sagte ich also, genau wie zu den anderen Söhnen seinerzeit, vor einigen Wochen zum diesjährigen Konfirmanden Kurt: Denk dir Wünsche aus, sie dürfen kostspielig sein, wertbeständig, Dinge fürs Leben wie Werkausgaben, Uhr und Ring, Barometer; und dann haben wir

Eltern die Preise gestaffelt, Paten und übriger Verwandtschaft zugedacht, was sie übernehmen sollten. Wir geben uns Mühe mit unseren Kindern, wahrhaftig. Es kostet uns nebenbei bemerkt auch ein ganz nettes Sümmchen allein fürs Telefonieren. Bis man alles richtig organisiert hat, herrje! Da will Onkel Becker den Globus nicht übernehmen, weil er sich goldene Manschettenknöpfe in den Kopf gesetzt hat, und die hat längst Tante Schneider in petto. Es sind also gar nicht mal immer die Preise, die uns bei der ganzen Koordinierung zu schaffen machen. Einfach so. Und dann haben wir Leute in der Verwandtschaft, ich nenne keine Namen, ein Ehepaar insbesondere, kinderlos selbstverständlich, Leute blutsverwandt leider, die sich um unsere Wunschzettel nicht kümmern. Ich ruf sie also an, sagen wir, vor Eberhards Geburtstag: Eberhard braucht dringend neue Socken, sag ich, er wünscht sich allerdings einen Dynamo. Von jemand Geizigem bloß die Socken. Die Leute aber, auf die ich anspiele, schenken ein Buch, statt dessen. Nur als Beispiel.
Gestern, o gestern. Sein Tisch war gut bestückt, Kurts Tisch. Undank ist der Welt Lohn, schön, aber ich dachte immer, das gilt nicht für unsere Familie. In unserer Familie wird das Wort Dankbarkeit groß geschrieben. Es rentiert sich. Doch gibt es ja Außenseiter, es gibt ja Kuckuckseier, die in ordentliche, nette, vernünftig gepflegte Nester gelegt werden von wem und wozu? Womit haben wir das verdient, Vater und ich? Oder beispielsweise auch jemand so Unschuldiges wie Gittilein? So einen Bruder, womit? Der gute Vater, da sitzt er und überlegt, wie er die Großmutter zu unseren Gunsten, das heißt: zu der Kinder und also auch zu Kurts Gunsten, wie er sie – reinlegen ist nicht das richtige Wort, und es will mir nicht auf die Zunge. Wie er ihr Testament etwas korrigieren kann, ich meine, sie muß ja bedenken, daß Theo sowohl als auch Irene ohne Nachkommen sind, daß man dies einrechnen muß, und wir haben schließlich fünf Kinder, fünf, und nicht ohne Grund, Familien rentieren sich erst von einer gewissen Größe an, wenn man sie organi-

siert und alles schön plant wie wir, nur dann freilich. Von den Opfern einer Mutter red ich jetzt gar nicht. Ich red nicht von all dem Verzicht und so.

Na, also, Kurt, der gute Paten hat dank der Umsicht seiner Eltern, Kurt, für den wir gesorgt haben wie für die andern auch, in jeder Hinsicht, Kurt, den wir haben erziehen wollen zu einem, der es so weit wie möglich bringen soll – denn das wünschen wir uns für unsere Kinder: Erfolg im Leben, ich meine, mit allem Drum und Dran, Besitz, Wohlstand und so, gar nicht, daß wir dächten: Geld allein mache glücklich, das nicht, aber ... Aber zum Beispiel freut nichts uns mehr, als zu entdecken, wie eins der Kinder an sich selber denkt und emsig spart für irgendeine Anschaffung, und wenn's hierbei auch reichlich oft zu Streit kommt meinetwegen aus Mißgunst: schadet nichts, das Leben später ist auch nicht anders. Jeder muß sehen, wie er das Beste für sich herausholt. Kurt, den wir wohl Unzufriedenheit, nicht aber die gewisse Kühle unserer elterlichen Empfindungen fühlen lassen; Kurt, der uns fremder ist als die anderen, nicht geheuer, aber lieb und wert, wie es sich gehört – Überschwang mögen wir sowieso nicht – Kurt hat gestern seine Eltern und Geschwister, ja seine gesamte Verwandtschaft beleidigt und enttäuscht. Sein Gabentisch, dies erwähnte ich bereits, war standesgemäß bestückt. Globus, Barometer, Lexikon, Manschettenknöpfe – übrigens: der Pfarrer hat auch schuld, viel sogar. Ich werde mit Vater darüber reden. Jesaja, wie kann man nur, da gibt es doch auch andere Stellen, und dann: Apostelsprüche sind doch viel passender für einen Jungen von knapp fünfzehn. Auch Geldgeschenke, Scheine! Leider Scheine, muß ich jetzt sagen. Und zunächst haben gerade sie mit ihrem höheren Wert uns so viel Freude gemacht! Zugegeben: manches Unnütze, das bleibt nicht aus und macht nichts; für alles gibt es Verwendung, so oder so. Er hätte den zweiten Brieföffner schließlich gut zu Onkel Rudolfs Geburtstag – anstatt – liebergottnein. Wirklich: so was von einem Pfarrer. Was soll denn das, frag ich mich, die Auswahl eines solchen Konfirmationsspruches, ohne jede Feierlichkeit. Ich selber hatte seinerzeit – im Moment entfallen, komisch. Gestern, gestern! Wir sind mit unsern Sektgläsern – Kelchen! Mit den Kelchen raus in den Garten gezogen, und Onkel Rehbein übernahm's, die Gruppenaufnahmen zu machen, wie bei Eberhards Konfirmation, selbstlos, wie Onkel Rehbein ist, und durch seine Hasenscharte wohl auch etwas fotoscheu. Erst beim dritten Bild, Gott, waren wir lustig, fiel einem von uns auf, daß die sogenannte Hauptperson fehlte, also Kurt, Kurt war nicht zu sehen. Aber zu hören! Lärm, häßlicher als sonstwann – und ich als Mutter von Fünfen hab weiß Gott viel Lärm gehört in meinem Leben – scheußlicher Krach trieb uns zum Wohnzimmerfenster. Auf Marweller-Edelfliesen zerschellte, als ich hinzukam, das Barometer. Globus, goldene Uhr unterm zerrupften Nachschlagewerk begraben, und Taschentücher mit Monogramm K. L., das Monogramm von Großvater Lehmann, bloß für unseren Kurt passend – und die Geldscheine, die schönen Scheine, zerrissen, in Fetzen ... Ich rede jetzt lediglich von den Haupteindrücken. Und Kurt am Fenster, Kurt, der fortfuhr, seine Geschenke zu zerschmettern, alles bis zur letzten freundlichen Kleinigkeit. Oh, frag ich mich, womit haben Vater und ich, womit hat unsere rechtschaffene Familie das verdient? Solch ein Mißverständnis, denn das war's, ein Mißverständnis. Was soll aus Kurt werden, was? Entsetzt rannten wir alle ins Zimmer, wo doch nichts mehr zu verhindern war. Verloren alles, zuschanden, nichts zu retten außer dem versilberten Korkenzieher von unserem Eberhard: er hat ihn heut morgen von Vater zurückbekommen, feierlich überreicht, anläßlich eines kurzen, aber ernsten und auch stimmungsvollen Strafappells für Kurt. Und Sekt wurde vergeudet! Bei diesem Hin und Her auf der Terrasse kein Wunder, und ein Sektkelch, meines Bruders Theo Sektkelch übrigens, zerschellte, schlimmes Geräusch, diese Kelche sind mir teuer, stammen sie doch von – ich glaube von Großtante Betti, aber von wem auch immer, sie sind wertvoll, ich sah neulich ganz

ähnliche bei Scheltz im Schaufenster, für ungelogen vierundzwanzigneunzig das Stück. Ein Mißverständnis, ja. Kurts Konfirmationsspruch, genagelt gegen eine Querleiste der Tür – nebenbei bemerkt frisch gestrichen, unser Manfred hat erst vor drei Wochen sämtliche Rahmen und Leisten frisch gestrichen, einsfünfzig pro Rahmen, fünfundsiebzig pro Leiste, und wenn ich jetzt sage: zu Ehren Kurts, klingt das wie Hohn – dieser Spruch von Jesaja sollte uns allen das Zerstörungswerk, die Schandtat erklären. Jemand las ihn laut vor, jemand hat leise gelacht, vielleicht vor Schreck, mich hat's trotzdem gekränkt, denn ich habe, in den Trümmern von Globus, Barometer, Uhr und was weiß ich geweint.
WER UNRECHT HASST SAMT DER HABGIER UND SEINE HÄNDE ABZIEHT, DASS ER NICHT GESCHENKE NEHME, DER WIRD IN DER HÖHE WOHNEN UND FELSEN WERDEN SEINE FESTE UND SCHUTZ SEIN. Den Pfarrer müßte man verklagen, bestimmt. Das Ärgste ist ja gar nicht der Verlust der schönen, nützlichen und auch unnützen, bloß netten Dinge. Das Ärgste ist, daß wir Kurt in eine Anstalt geben müssen. Fragt eine Mutter, wie schwer so was fällt. Vorübergehend, aber immerhin. Man muß das ja behandeln, finden wir. Keine Kleinigkeit für Privatkassenleute wie Vater und mich.

Die kleine innere Verbindung

Darf ich eine allerdings völlig banale Frage stellen – nur, sie ist wirklich für mich persönlich von außerordentlich großer Bedeutung!
Martha Flotow – gute Idee ihrer Eltern – sah nach links unten ins Auditorium, von wo die Frage gekommen war. Es erleichterte sie, daß Professor Kuhn sich gemeldet hatte. An diesem vierten Abend ihres Seminarzyklus stand schon fest, wer ihr Favorit bis zum Ende bliebe: Professor Kuhn. Schon am ersten Abend war sein Gesicht ihr unter allen am angenehmsten. Daran änderte sich nichts. Es war nie irgendwas Tückisches von ihm zu erwarten, auch nichts, das schwer in ihre Wissenslücken rammte.
Ja, bitte, ich bin neugierig.
Martha Flotow lächelte den Fragesteller an und ärgerte sich nur darüber, daß sie so schlecht ihre clowneske Alleinunterhalterart loswerden konnte. Er da unten, er hatte mehr Ernsthaftigkeit verdient. Daß er dem Fachbereich Psychologie angehörte, spielte bei Marthas Hinneigung zu ihm, einem dem Abgründigen auf seine Weise erkenntnisnahen Menschen, gewiß eine Rolle. Überhaupt nett, daß er sich nicht dafür zu schade war, ihre Studium-Generale-Veranstaltung zu besuchen.
Es geht um Hebräer 13, 14. Würden Sie bitte nochmal in Ihrem Manuskript nachsehen, ob Sie sich möglicherweise nur versprochen haben. Es ist lebenswichtig für mich. Sie sagten *sondern*, aber es muß – ich hoffe das dringend – es muß *aber* heißen. „Aber die zukünftige Stadt suchen wir." Bitte.
Der Professor sah wirklich getroffen aus, als hänge ungewöhnlich viel vom ABER ab, ja, „die zukünftige Stadt" schien selber in Gefahr. Und Martha Flotow schaute ins Manuskript. Sie las das gesamte Zitat nochmals vor. Nie fühlte sie sich auch körperlich so gut wie beim lauten Vorlesen von Bibelpassagen.

Besser, ich wäre Laienpriester geworden, Wanderpredigerin, dachte sie dann, wenn sie Schwindel und Druck auf den Magen loswurde und nicht hüsteln mußte wie bei germanistischen Exkursen.
„Denn wir haben hier keine bleibende Stadt, sondern die zukünftige suchen wir."
Das auszusprechen, bedeutete schon, daß es die zukünftige Stadt gab. Sie wurde erbaut, während der Satz über Martha Flotows Lippen kam, und stand dann vor ihr, mit lieblichen Wohnungen, Vorhöfen. Aber der Fall war noch nicht erledigt, so lang nicht die Kontrahenten, die einander zulächelten, jeder bei sich in ihren Bibeln nachgeprüft hatten, was Luther sagte.
Rufen Sie mich noch an, wenn Sie wollen.
Martha Flotow wußte nicht genau, ob sie Professor Kuhn noch auf einen kleinen Umtrunk mit hinauf in ihr Pensionszimmer bitten sollte. In Filmen fragten Frauen Männer, die sich zögernd vor ihren Autos verabschiedeten, ob sie noch einen Kaffee bei ihnen trinken wollten. In amerikanischen Filmen. Aber das hier war eine Pension und Erlangen.
Welche Zimmer-Nummer haben Sie? fragte der Professor.
Ja, er würde anrufen. Während der Autofahrt zu Martha Flotows Pension hatten sie über eine zweite Gemeinsamkeit – nächst der Liebhaberei, in der Bibel wie auf der Suche nach Bodenschätzen zu lesen, wie bei Probebohrungen – über ein zweites freundliches Laster gesprochen: den Drogenrausch, der für sie beide von Manhattan ausging. Überhaupt: Amerika. Es versetzte einen in Taumel, Betäubung. Etwas Unerlaubtes haftete diesem Glück an, fanden sie beide.
Ich bin dort ein ganz anderer, sagte der Professor.
Oh ja, das trifft es, ich auch, auch ich bin wie verwandelt, sagte Martha Flotow, und sie würde später überlegen, ob das zutraf oder nicht. Jetzt hätte sie gern hervorgebracht, daß das Herumschlendern in den Straßen Manhattans unbotmäßig war wie das Veranschaulichen Gottes, doch sie fand es etwas zu gewagt,

hob es auf für später. Und wie sollte sie sich diesen ganz anderen vorstellen, als der Professor Kuhn durch die USA schweifte?

Ich nutze jede Gelegenheit, Tagungen, alles, erzählte er, und hänge ein paar private Wochen dran, fahre im Leihwagen einfach raus aus den Städten.

Martha Flotow hatte eine Spur nur übertrieben und mit ein paar Erfahrungen angegeben, die nicht von ihr selber gemacht worden waren, oder, ein bißchen und in einem gewissen Sinn waren diese Erfahrungen eben doch von ihr gemacht worden, wenn man ihre Einfühlungsgabe mitzählte.

Daß es immer noch schüchterne Menschen gab, erwachsene, noch nicht alte Menschen, die aber schüchtern waren, das kam einer Art Wunder gleich. Martha Flotow sah im Liftspiegelbild ihr eigenes Lächeln, und der Professor blieb spirituell in der Nähe, als sie in ihrem Zimmer sofort das Neue Testament an der fraglichen Stelle aufschlug. Sie war es, die recht hatte, sie, mit *sondern*.

Der Professor erkannte jetzt überfallartig, daß er seine affektive Bindung an ABER auf einem Irrtum erbaut hatte. Trotzdem, der Schock fiel milder aus, als er erwartet hatte. Er lächelte, während er die Nummer der Pension wählte. Etwas ganz Schönes und Seltsames wollte er sagen. Daß es ihm gar nicht mehr so leid tue. Daß eine gewisse, gar nicht reizlose Tragikomik die Verwechslung zur regelrechten kleinen Geschichte heranbilde, ja, eine neue affektive Bindung sei festzustellen.

Ich habe mich geirrt, doch doch! Ich war es! Aber doch: es muß *sondern* heißen, rief er nun schon zum dritten Mal Martha Flotow zu, und die beteuerte dagegen wieder: Es heißt nicht *sondern*, sondern *aber*.

Warum freute er sich denn nicht auffälliger? Er kam ihr eher enttäuscht vor. Obwohl man, am Telephon, sich irren konnte.

Und doch, wenn er nie herausfände, daß sie seinetwegen ge-

mogelt hatte, eine Freundlichkeitsgabe, ein Liebesdienst. Die Fülle von Bibeltextversionen machte es gut denkbar, daß er das ihm zuliebe erfundene ABER für irgendeine der zeitgenössischen Unzuverlässigkeiten hielte.
Eine halbe Stunde später suchte sie im Telephonbuch beim Buchstaben K und fand seine Nummer. Name und Titel in Kombination mit Gärtnerweg wirkten ein bißchen albern. Hier im Telephonbuch war er „kein ganz anderer Mensch" und nicht ausgewechselt in einen Manhattan-Flaneur. Er kam gleich dran, nicht vorher eine Ehefrau oder so was, aber sie hatte ihn schon aus dem Bett geholt.
Es tut mir gräßlich leid, Sie so zu stören.
Macht überhaupt nichts, versicherte der Professor.
Er war gespannt, erfreut. Sie hörte das heraus. Auch seine Erwartung.
Sondern heißt es also doch, sagte sie und war neugierig auf sich selber; sie wußte nicht genau, ob sie ihr Bekenntnis riskieren würde.
Ja ja, leider, sagte er. Er lachte. Aber ich habe inzwischen das Gute an meinem Fehler entdeckt.
Ach ja? Und das ist?
Wir haben da eine kleine innere Verbindung, sagte er.
Sie wollte ihr Mogelei-Geständnis machen.
Das finde ich schon gut, schön finde ich's, das mit der kleinen inneren Verbindung, sagte sie.
Ich auch, ich find's auch schön, sagte er.
Sie wünschten sich eine gute Nacht.
Wir sehen uns nächste Woche zur gewohnten Zeit, oder?
Ja, ich denke, ich bin sicher.
Nochmals, gute Nacht.
Gute Nacht.
Sie hatten beide noch beträchtlich mehr Redestoff, aber sie telephonierten kein drittes Mal.

Tiefe Not

Schon wieder, wenn man jede Einzelheit ernst nahm, ein Fall von Umkehr- und Reue-Pflicht, dachte Sylvia nachmittags gegen fünf Uhr, als sie in ihrer Küche mit den Vorbereitungen für die Abendgeselligkeit anfing. Als erstes strich sie diese nette Idee, die beiden Kubas mit einem Kartoffelsalat zu überraschen. Die Sache mit den heißen Würstchen erforderte von der Hausfrau das doch beträchtliche Opfer, stets auf der Hut zu sein und also am Herd zu stehen, während die anderen weiterplauderten, denn mit aufgeplatzten Würstchen wollte sie sich nicht noch einmal blamieren. Das geschieht ja mehr Anton zuliebe, begnadigte sie sich bei dieser Bewußtmachung. Die prompten inneren Entschuldigungen hatten jedoch zu viel von einem Reflex. Dieser Mechanismus funktionierte ein wenig zu geölt. Und der Einfall *Paradiescreme* starb soeben auch. Irgendwelches Knabberzeug tat es erstens wie überall auf den mehr improvisierten Parties und paßte zweitens besser zum Wein.

Der Verdicchio schmeckte Anton und ihr etwas – aber wirklich kaum – weniger gut als der Entre-deux-mers, also gab es den Verdicchio. Ich bin beim Thema, dachte Sylvia. Und knapp drei Stunden später, nach der ebenfalls zu einer allerdings ratlosen Gewissensverzweiflung einladenden *Tagesschau*, wären die Kubas beeindruckt, vom kaum weniger guten Verdicchio, unkundig wie sie waren, hierin übrigens den meisten Leuten aus ihrem Freundeskreis ähnlich. Wie sie doch alle bei den deutschen Weinsorten stagnierten, aus törichter Unternehmungsschwäche. Oder fürchteten sie, die Hürde ihrer Knauserigkeit nehmen zu müssen? Sylvia beschloß, den überzeugend gemäßigten Ladenpreis des Verdicchio nicht bekanntzugeben. Sie würde sich selber einige private, unbemerkte Zwischenrunden einschenken. Sie war nun mal, in welcher kommunikativen Abendrunde auch immer, die vom Wesen her

Zügigste. Zu dem Kater, den ich mir für morgen einhandle, werde ich voll *ja* sagen, beschloß sie jetzt schon. Volltönend, und eben büßerisch, pilgrimhaft. So eine Vergiftung wird vorzüglich passen. Der morgige kathartische Tag wäre wie dafür erfunden, endlich den guten armen Samuel zu erlösen. Sylvia spürte es geradezu körperlich, wie Kräftewachstum, daß sie über die ersten paar spärlichen Ermittlungen in Sachen seiner Buß- und Bettags-Schularbeit hinausgelänge. Dieses Thema hatte schließlich sie selber ihm souffliert, armer Teufel, der er war und dies nun büßen mußte, mütterliche Gewissensakrobatik, Schuldbewußtseinswahn! Sie würde ihm einige Marginalien in die Maschine rattern, morgen schon, oh ja, schön toxisch, schön reuevoll. Ihren Einflüsterungen verdankte Samuel immerhin bereits den Anfangssatz:„Von jeher war Martin Luthers *Aus tiefer Not schrei ich zu dir* mein liebstes Lied im Gesangbuch." Seinen eigenen Sohn hatte man sowieso auf dem Gewissen, in lebenslänglicher Unentrinnbarkeit. Wieder so ein Einfall, aber kein für Samuel brauchbarer.
Ich fahr jetzt mal los, sagte Samuel, der plötzlich in der Küche aufgetaucht war und an einer Coca-Cola-Dose saugte.
Schatz, ich hab gerade an dich und deinen Religionsaufsatz gedacht, rief Sylvia ihm vergnügt zu. Sie fand im Geschirrschrank zwei Näpfchen, auf die Stefani Kuba garantiert neidisch würde, und in ihnen das Knabberzeug zu servieren, leuchtete wirklich ein.
Was für ein Religionsaufsatz?
Über den Buß- und Bettag, der muß doch endlich geschrieben werden. Du kannst das doch nicht vergessen haben.
Samuel sah jetzt ein wenig leer vor sich hin und lustlos dann ins meistens zu aufgeregte Gesicht seiner Mutter. Sylvia fühlte, daß sie, um ihm besser zu gefallen, sich zügeln sollte, dämpfen, beruhigen.
Der Anfang steht doch schon, oder, fragte Samuel. Das mit dem Lied von dem Luther, oder wie? Ich fahr jetzt mal los, okay?

Also, wenn du das bereits *Anfang* nennst und daß der *stehen* würde, mit einem einzigen Satz und sonst gar nichts, sagte Sylvia. Weißt du überhaupt noch, für welches Lied du dich entschieden hast?
Samuel zog einarmig, die Coca-Cola-Dose nicht aus der rechten Hand lassend, sein federleichtes Polyesterjäckchen mit dem Metallic-Effekt an.
Irgendwas mit *tiefer Not* und so, ich schrei zu dir, oder wie? sagte er. Ist das klar, daß ich heut zum Essen nicht da bin, Mami, ist doch okay, oder?
Klar, sagte Sylvia, und *okay okay* murmelte sie vor sich hin, während sie sich nun gegen die Barockweingläser entschied. Zum Prahlen zwar geeignet, aber doch bei jeglicher Ungeschicklichkeit auf eine allzu luxuriöse Weise gefährdet. Und verstanden die beiden Kubas überhaupt irgendwas von Antiquitäten?
Sammy müßte, wenn sie morgen ihre Vorstudien für ihn beendet hätte, nur noch ihre zu erwachsenen und wahrscheinlich etwas zu verwegenen seelischen Erkundungen in seine unlustige, gefühls- und pulsschwache Pubertätssprache zurückübersetzen. Vermutlich könnte sie kaum widerstehen und würde ihm auch diese Imitationsarbeit noch abnehmen. Jetzt knurrte der schwächliche Motor von Sammys Mofa wegabwärts und war bald nicht mehr zu hören.
Ich werde einfach das Gefühl nicht los, unentwegt doch irgendwie ein bißchen schuldig zu sein, dachte sie, und so ähnlich wollte sie das am Abend mit den Kubas bringen. Womit sie sich allerdings – was für eine paradoxe Nebenwirkung! – tatsächlich schuldig machen würde, Anton gegenüber nämlich, der sich vor derartigen Bekundungen seiner Frau regelrecht fürchtete. Und war er nicht im Recht? Was ging denn ihr hypochondrisches Gemütsleben diese Leute an? Es läge außerdem keinerlei Gerechtigkeit darin, bloß sich selber zu bezichtigen, wie ein Stück insektenumschwärmtes, schneckenbesudeltes Fallobst. Glaube ich eigentlich an die Erbsünde?

fragte Sylvia sich und entschied sich gegen eine Reinigung vom Glastisch. Heute abend entständen so viele neue Fettflecken, Abdrücke von Glasrändern, Krümel lägen herum. Die Leute benahmen sich nicht anständig. Außerdem waren Anton und sie immer für gedämpfte Beleuchtung. Man sähe gar nichts.
Ich bin Anhängerin der Jammertal-Theorie, erklärte Sylvia, gerichtet an Jochen Kuba, der gezielt – in mütterlicher Absicht für einen Sohn: schöne Tat, tugendhaft als ihr Gast – im Ledersessel saß, evangelischer Pfarrer der er war. Wird von uns seit langem abgelehnt, sagte Stefani Kuba. Wir wollen das lebenswerte Leben.
Heutzutage wartet keiner mehr aufs Jenseits, sagte Jochen Kuba. Die Dinge sollen gefälligst jetzt schon stimmen. Er klopfte mit dem Zeigefingerknöchel auf den niedrigen Glastisch, schien das Gebäckangebot grimmig zu meinen und sagte: Hier und jetzt.
Wie gut, das Glas nicht blankgewischt zu haben. Sylvia rief:
Ich kann euch Pfarrer allesamt nicht mehr so richtig gläubig finden. Ich kenne keinen, der mir nicht als Allererstes auseinandersetzen würde, daß er ja eigentlich ein Atheist ist und sich sowieso derzeit hauptsächlich mit Kernkraft und Dritter Welt und irgendwelchen Raketen beschäftigt.
Sprich bitte nicht in diesem Ton von der Friedensbewegung, falls du auf die abhebst, sagte Stefani.
Weißt du, ich wollte einfach mal einen kompetenten Rat, sagte Sylvia. Wie ihr wißt, muß Samuel eine Arbeit über den Buß- und Bettag absondern, und der heiße Tip stammt von mir. Sylvia lachte. Daß sie damit die Kubas nicht ansteckte, traf sie nicht, aber wie wenig Anton aufzufrischen war, bereitete ihr einen altehelichen Kummer. In der gleichen Weise quälte es sie, wenn sie beim Beobachten einer Szene zwischen Samuel und gleichaltrigen Burschen blitzartig begriff, daß er nur so tat, mit Anstrengung, als gehöre er wirklich dazu. Schau her zu

mir, Toni-Liebchen, rief sie Anton mit einem dringenden Bewußtseinsflehen zu, ich nehme das Ganze doch halb so ernst. Anton blieb so, weißlich, entfernt, er sah leer und schläfrig und weggetreten aus.
Bißchen hart, die Buß- und Bettagsthematik, für einen Sechzehnjährigen, findest du nicht, fragte Stefani. Ist ihm schlecht? Anton? Ist ihm schlecht, Sylvia?
Da drüben sitzt er und kann schon sprechen, meine Liebe, sagte Sylvia.
Was hat denn euer Sammy ausgerechnet mit Religion im Sinn? Ist er in einem Leistungskurs? fragte Jochen Kuba. Dann finde ich nur komisch, daß er nicht mal mit den andern damals im Juni zum Kirchentag getrampt ist.
Sag mal, will wieder eins von diesen ekelhaften Nierensteinchen aus dir heraus, mein armer Anton? Vorgebeugt fragte Stefani, und der Blick von ihr zu ihm, sein Wegschauen inbegriffen, nahm einen Charakter von Mutter-und Kind-Intimität an. Sie bringt ihn dazu, daß er so aussieht, als hätte er in die Hosen gemacht, dachte Sylvia, und empfand ingrimmige Liebe zu ihrem Schützling, dem dreiundvierzigjährigen Geschäftsführer einer Privatbank.
Hört mal, ich hoffte, aus euch könnte ich ein paar Buß- und Bettagsfunken herausschlagen, rief sie eine Spur zu laut. Aus euch Profis, nun enttäuscht mich nicht.
Weißt du, ausgerechnet dieser da unter den kirchlichen Feiertagen, man muß ihn einfach mehr und mehr für problematisch halten, wenn man ihn, wie du leider beliebst, nicht unter den Insignien von nuklearer Bedrohung und Hunger in der Welt sieht, sagte Stefani, und Jochen denkt wie ich.
Die Leute machen sich schon sowieso nichts aus dem November, sagte Jochen Kuba. Volkstrauertag, Totensonntag, schlechtes Wetter, und dann auch noch dein Buß- und Bettag ...
Richtig, sagte Stefani, der Buß- und Bettag ist mit dran schuld, daß die Leute die Nerven verlieren ... Obwohl, dieses Jahr

haben wir es verhältnismäßig leicht, wegen der Behinderten, verstehst du? Laß darüber Sammy schreiben. Unsere hochindustrialisierte westliche Zivilisationsgesellschaft ist nach wie vor voller Egoismus und behindertenfeindlicher Einrichtungen, vom Straßenverkehr bis zu rollstuhlungeeigneten Lifts. Also, laß ihn das machen, bestimmt.
Ich dachte, es sollte was Individuelles sein, sagte Sylvia. So was wie ein Abbittegefühl, das in jede Minute unseres ganz gewöhnlichen Tagesablaufs untergebracht werden müßte.
Jochen Kuba fing an, Anton ein bißchen ähnlich zu sehen. Ihm gefiel es nicht mehr so recht in seinem Sessel. Stefani hingegen wirkte unverdrossen lustvoll.
Sylvia, meine Beste, du bist gewiß der Typ für Reue und etwas Hysterie, ich bin sicher, du brauchst das. Es macht deine Webarbeiten so vielschichtig, wirklich, sie regen zum Nachdenken an. Aber andererseits bin ich genauso sicher, daß deine Isolation längst nicht mehr erlaubt ist, in unserer Zeit.
Was ist das für eine Zeit?
Sag ruhig, was das ist, sag's ruhig, drängte Jochen Kuba seine Frau, die jetzt ein wenig an Schwung eingebüßt hatte.
Na ja, Nord-Süd-Gefälle, Wettrüsten, ich wüßte nicht, wem das noch nicht zu Ohren gekommen wäre, sagte sie, und an der Art, wie sie mittlerweile beim Verdicchio zugriff, erkannte Sylvia, daß auch der Freundin ein Alkoholkater für den nächsten Tag gewiß war. Nicht mehr sehr lang und ich rede als Vikarin, wie ihr wißt, schloß Stefani Kuba. Hast du noch einen Schluck für mich?
Und Launenhaftigkeit ist Schuld! Sylvia fühlte sich gut. Schlechte Laune, wie man sie oft genug hat, einfach so, Stimmungen, du weißt, Anton, wovon ich rede, Ärmster, hm? Oder das: wir machen zu dritt eine Radtour, und ich, ich fahre nicht gern genug mit. Schuldig!
Da fällt mir eben wieder diese Initiative ein, ich glaube nicht, daß wir eure Unterschriften schon haben, sagte Jochen Kuba, ohne abgewartet zu haben, daß sein Mund von Salzbrezelchen

frei geworden war. Er legte im Gegenteil, als gelte es, einen Ofen zu speisen, und auch wie um Briketts besorgt zwei neue Salzbrezelchen nach und fügte hinzu: Ich spreche von der Mühlheimer Friedens-Initiative. Ich meine jetzt nicht die Initiative Nordwest. Da habe ich aber, fürchte ich, auch noch nicht eure Namenszüge drunter. Die Liste ist lang, aber mir nicht lang genug.

Wieso füttere ich eigentlich diese Leute, fragte Sylvia sich. Wenn die beiden so weitermachen würden, was Stefani betraf hauptsächlich mit den Salzmandeln, dann käme der Moment, und Sylvia müßte sich in der Küche irgendeine Versorgung einfallen lassen, die nicht aus Tüten oder Dosen stammte. Sie müßte entweder ein paar Brote mit Salami machen oder den Apfelstrudel in den Backofen schieben.

Er hat ja schon diesen so ungeheuer biblischen Namen, euer Sammy, sagte Stefani Kuba, und ich weiß nicht, ob das nicht bereits genug Belastung für ihn ist, seinen Altersgenossen gegenüber.

Wieso, keine Spur, zumal alle genauso wie du eben Sammy als Ausweg wählen.

War's nicht damals wegen Beckett, Sylvia, daß wir ihn so nennen wollten?

Anton sah und sah nicht glücklich aus, und deshalb, auch weil ihre Sünderstimmung währen sollte, gab Sylvia ihm recht.

Beckett und Bußtag, wie kann man für *beides* zusammen sein, sagte Stefani.

Warum nur rüttelte sie, jeweils bevor sie die Ladung Mandeln in den offenen Mund warf, an der Handvoll, wie bei einem Würfelspiel. Wenn ich ihr jetzt was Gemeines sage, dann wird es morgen eine frische Erinnerung sein, und zwar an übliche, schickliche Schuld in weiter Entfernung von Atomkraft und Entwicklungsländern, dachte Sylvia, und ich könnte sie ganz scheinheilig *Benutzt du eigentlich Haarwasser* fragen und daran anschließend, daß natürlich kein Haarwasser auf der Welt neues Wachstum bewirken kann, aber immerhin vielleicht ei-

nen Stop, nicht wahr, Liebe? Und ich werde wissen, wovon ich für Sammy rede, und ich werde Freundlichkeitsversagen, Gefühlsschwäche für ihn ummünzen können – aber wie? In eine Weigerung, sein Mofa zu verleihen? Mit bei der Gartenarbeit zu helfen? Das traf beides nicht, was Sylvia meinte. Was sie mehr *spürte*, winzig und nagend, stetig feindselig bereit, jederzeit möglich. Sie wandte sich von diesen pfadfinderhaften oder quäkermäßig weltundlebensanschaulichen Beispielen ab. Sie hatten zu viel mit Taten und zu wenig mit dem Bewußtsein zu tun.
Gestern habe ich ihm, Sylvia deutete auf den inzwischen zu einem Dialogpartner herangereiften Anton – weil es jetzt um Pfandbriefe vermischt mit Ärger über Handwerker ging – ihm da, dem Guten, einen ganzen Tag vermasselt, zumindest den Nachmittag.
Hast du das, fragte Anton, was Sylvia geradezu anführerformatig von ihm fand. Aber er ließ keinerlei Neugier durchblicken, auch nur ein Wort mehr darüber zu erfahren. Anders als Stefani Kuba.
Und wie ging das vor sich? fragte sie.
Einfach dadurch, daß ich nicht in Fahrt war. Ich war dysphorisch, verstehst du?
Nicht besonders gut.
Schlecht gelaunt. Was bereits Schuld ist.
Das hatten wir schon, sagte Anton. So mutig-schicksalsergeben hatte er vor drei Wochen immer in den Intervallen zwischen Nierensteinkoliken ausgesehen. Von der einen erlöst, der kommenden entgegenblickend. Ins Auge des Krampfes, ins Herz des Hurrikans, genannt Schmerzzustand. Es war überhaupt nichts los, gar nichts, sagte er nun zu Jochen Kuba, denn Stefani Kubas Blick konnte er nicht ergattern, der blieb von Sylvia gebannt. Stefani hatte etwas Trabantenhaftes, wie sie immer wieder vom skurrilen Gestirn Sylvia in eine Umlaufbahn gezogen wurde.
Und das ist es ja eben, sagte Sylvia, daß nichts los war, nichts

Besonderes! Man müßte es doch verstehen, in seinem eigenen kleinen Umkreis jeder, es ständig *besonders* sein zu lassen, wichtig!
Stell ich mir eher anstrengend vor, sagte Anton zu Jochen, aus dessen Bart eine Art von eselmäßigem Geräusch als Unterstützung hervortrat.
Schließ dich einer unserer Gruppen an, und du hast es geschafft. Kriegst nie wieder mit schlechtem Gewissen zu tun, sagte Stefani.
Wie oft besuchst du deine Eltern? fragte Sylvia. Aber das Ende ihrer Hochform sah sie schon kommen.
Oft, oft, sagte Stefani.
Man muß in den Familien nett sein, sagte Sylvia.
Die Haustür wurde jetzt auf die für Samuel typische Weise zugeworfen.
Nett sein in der Familie kann man am besten als vollausgelasteter Mensch, du, sagte Stefani.
Sylvia dachte: Sie weiß es nur noch nicht, aber sie kriegt eine Glatze, und ich habe sie in der Hand, diese kleine helle Stelle da oben auf ihrer Schädeldecke, und es fehlt nur noch ein einziger stumpfsinniger Ratschlag von ihr bis zur Schwelle, über die ich mit meinem entsetzlichen winzigen wichtigen Hinweis gehen werde. Samuel stand im Zimmer, unentschlossen, ob er die Kubas mit Handschlag begrüßen müßte. Sylvia wünschte, das zu verhindern. Sammy gab immer so lasch die Hand, er wußte einfach nicht, was er mit einem fremden Stück Fleisch in seiner Hand anfangen sollte.
He du, du mußt eine Faust drum machen, sagte da Stefani, du mußt zudrücken.
Kannst du wirklich dieses Kirchenlied leiden, Sammy, fragte Jochen Kuba, *Aus tiefer Not*, warum denn bloß, was hat das mit einem gesunden Burschen wie dir zu tun, he? Stammt von Mami, oder?
Wegen der Musik, glaub ich, doch, ich kann's leiden, oder die Stimmung, sagte Sammy und sah Sylvia an.

„Der Buß- und Bettag signalisiert eine Störung im Verhältnis zwischen Mensch und Gott, und als Gedenktag dokumentiert er den Willen des Menschen zur Umkehr“ schrieb Sylvia am späten Vormittag des nächsten Tages in die Maschine. Sie war stolz darauf, daß es ihr glückte, die Sprache des Schweizer Lexikons noch zu vereinfachen. Ihre sämtlichen persönlichen Sühneinspirationen hatte sie gestern abend schon verabschiedet, im Augenblick von Sammys freundschaftlichem Beistand.

Das kann ich ja nicht gebrauchen, murrte Sammy später, was soll ich denn mit all den verdammten Fremdwörtern. »Am Buß- und Bettag denken die Christen daran, daß sie gefehlt haben und zu Gott hin umkehren wollen«, tippte Sylvia, empfand die Selbstgeißelung mit Genuß, aber auch, daß es ein wenig und erbsündenfallartig den häuslichen Frieden störte, wie laut sie AUS TIEFER NOT SCHREI ICH ZU DIR sang, bis übers Abendessen hinaus und hinein in Antons und Samuels Nächte.

Die Vikarin

Nicht mehr lang, und sie fällt wieder aus der Rolle, fürchtete Adrianas Mutter, die sich aber trotz der peinlichen Erfahrungen bei den letzten Gottesdiensten wieder in die zweite Kirchenbank vorgewagt hatte.
Unwillig und schleppend sang die Gemeinde mit. Diese Vikarin wählte nie fröhliche Lieder aus. Adrianas Mutter empfand das Mißfallen ihrer beiden alten Nachbarinnen in der Kirchenbank. Adriana hatte wieder ein Bibelwort gewählt, das den Sonntagmorgen überhaupt nicht aufmunternd überstrahlte: „Seid elend und traget Leid und weinet; euer Lachen verkehre sich in Weinen, und eure Freude in Traurigkeit. Demütigt euch vor Gott, so wird er euch erhören."
Fred dachte: Warum nur beachtet sie meine Warnungen nicht. Die Kirche ist nicht einmal mehr zu einem Drittel gefüllt. Bald werden nur noch die fast Tauben ihr die Treue halten. Die Kirchenleitung wird Wind davon bekommen. Fred war Adrianas Mann, und zur Kontrolle kam er auch gelegentlich mit in den Gottesdienst. Er saß ganz hinten.
Adrianas Mutter merkte der Stimme ihrer Tochter an, daß es nun gleich losgehen würde. Gleich würde Adriana ihren exaltierten Unfug da vorne veranstalten. Noch zitierte sie etwas verhältnismäßig Angenehmes, Psalm 4,8: „Ich liege und schlafe ganz mit Frieden; denn allein du, Herr, hilfst mir, daß ich sicher wohne." Aber warum wackelte ihre Stimme, und die roten Flecken auf ihrem Gesicht verhießen auch nichts Gutes. Außerdem fand Adrianas Mutter, wenn nun Fred beleidigt wäre, hätte er sogar ein Anrecht darauf. Half denn nicht Fred ihrer Tochter, daß sie sicher wohnte? Fred bekam jetzt sechstausend brutto als Technischer Leiter, jung wie er noch war, hatte er es doch schon weit gebracht, und am besten für beide, vor allem aber für Adriana, wäre es wohl, sie trennte sich wieder von diesem Amt.

Ich merkwürdige Existenz, wieso, und warum überhaupt soll ich Gott auffallen? Warum sollte Gott mich beachten?
Adriana fing an, das Maß zu sprengen.
Ich wate nicht durch Schlamm, ich bin kein Flüchtling, ich habe ein Obdach und zu essen und zu trinken, ich bin nicht todkrank, meiner Familie geht es leidlich, ich tue nichts Gutes ...
Hier geht sie entschieden zu weit, dachte Adrianas Mutter. Das mit dem Guten, das ihre Tochter angeblich nicht tat, sollte sie nicht erwähnen. Sogar die Schwerhörigen werden es mitkriegen, und sie werden daraufhin nicht mehr wissen, warum sie an diesem Gottesdienst teilnahmen.
Wieso solltest du mich überhaupt sehen? Bemitleiden? rief Adriana. Und doch kannst du allein, Gott, wissen, wie sehr ich des Mitleids bedarf.
Und das war für Fred gemünzt, wußte Fred, der gestern abend in der Küche herumgeflucht hatte: Du verwöhntes kleines Miststück, du Prinzessin auf der Erbse. Wenn ich dir sage, es war zu viel Muskat am Gemüse, dann war zu viel Muskat am Gemüse. Zu konstruktiver Kritik hast du null komma null Verhältnis. Und wenn ich deine Predigt durchgehen will, dann in deinem ureigenen Interesse. Sag mir nicht nochmal, daß ich von Theologie nichts verstehe, denn um Theologie handelt es sich gar nicht bei deinen sonderbaren Veranstaltungen. Hätte nicht dein Vater dich so ohne jeden Realitätssinn und ohne jede Vernunft verwöhnt...
Fred schrak aus seinen trüben Erinnerungen auf, weil Adriana die kurze Wendeltreppe von der Kanzel hinunterlief und vor dem Altar auf die Knie fiel, dann rief: Gott, ich danke dir für meinen Vater! Mein Vater hat mich göttlich verwöhnt, das mußt du selber in ihm gewesen sein. Ich wurde nach keinem Verdienst gefragt, und daher leide ich nun zwar unter dem Heimweh nach meinem Vater, es ist jedoch das Heimweh nach dir selber.
Fred hustete laut: sein Erkennungszeichen. Zum Glück, es

wirkte, denn Adriana stand wieder auf, sie ordnete ihren Talar, sprach nun ruhiger: Liebe Gemeinde, wir alle begegnen jeden Tag irgendeiner Situation, in der wir andere verwöhnen können. Ich bezichtige mich hier vor Ihnen, indem ich wie der Apostel Paulus bekenne: „Das Gute, das ich will, das tue ich nicht, sondern das Böse, das ich nicht will, das tue ich."
Fred hustete wieder. Adriana erzählte: Ein betrunkener oder irrsinniger Mann ohne Strümpfe und ohne Fahrschein saß neulich im Großraumwagen jenseits des Gangs neben mir im Zug. Ich befand mich auf einer Dienstreise. Ich hatte genug Geld bei mir. Ich habe mit diesem Mann kein einziges Wort geredet. Der Mann hat einen Geldschein bei sich gehabt, vermutlich seinen letzten, und ihn dem Schaffner überreicht. Dann hat der Mann viel mit den Händen herumgefuhrwerkt und er hat stumm die Lippen bewegt. Mit irgendjemandem muß er wohl gesprochen haben ...
Adrianas Mutter entschuldigte sich leise bei ihrer Nachbarin zur Linken und verließ die zweite Kirchenbank. Auf dem Weg zur Empore traf sie ihren Schwiegersohn Fred. Beide wußten, was nun zu tun wäre: Sie müßten den Organisten dazu bringen, mit dem nächsten Lied Adriana ins Wort zu fallen.
Spielen Sie einfach, nur los, Sie merken doch, es geht ihr nicht gut. Helfen Sie ihr!
Fred, unterstützt von seiner Schwiegermutter, flüsterte mit dem Organisten.
Von unten herauf rief Adriana: „Seid untereinander freundlich, herzlich und vergebet einer dem andern, gleichwie Gott euch vergeben hat in Christo." Epheser 4,32, ja liebe Gemeinde, womöglich erkennen Sie in meinem Gottesdienst auch heute wieder keinen Zusammenhang, aber liebt Gott uns nicht in unserer Schwäche? In unserer Zerrissenheit?
Nun spielen Sie doch, los los! Freds Flüstern klang drohend.
Mir gefällts, flüsterte der Organist, ein Student mit einem weichen Gesicht, wenig blondem Haar und einer randlosen Brille.
Der Student grinste.

Und mir gefällt Ihr Grinsen nicht, tuschelte Fred.
Spielen Sie bitte, sagte Adrianas Mutter leise und doch streng. Meine Tochter kann so nicht weitermachen.
Was ist denn vorgesehen? fragte Fred.
„Oh Traurigkeit, oh Herzeleid“, antwortete der Organist. Wir gehen in die Karwoche.
Also los, meinetwegen. Nur Schluß mit dem Theater da unten, forderte Fred.
Ich höre ihr gern zu, sagte der Student.
Dann bleibt mir nichts anderes übrig, als selber in die Tasten zu greifen, machen Sie mir Platz.
Fred hatte sich auf die Orgelbank gedrängt, aber das einzige Stück, das er spielen konnte, und auch das nur auf dem Klavier, war „Leise rieselt der Schnee“.
Und er spielte es, mit vielen Fehlern, während Adrianas Mutter nicht wußte, was sie davon halten sollte.
Der Gottesdienst war zuende. Adrianas Mutter stellte sich am Eingang der Kirche in eine Nische und hörte jemanden sagen: Die beiden passen zusammen. Haben Sie bemerkt, das war ihr Mann, der da oben den Organisten verdrängt hat.
Ich glaube, du liebst mich, du liebst mich also doch, sagte Adriana zu Fred.
Ihre Mutter schnitt das Siedfleisch, das praktische Mittagessen für Pfarrer und also auch für Vikarinnen, und verteilte es.

Das ist ihm nicht egal

Schon wieder zwitscherte Margot bei ihrem geschäftigen Hin und Her im Parterre des alten Pfarrhauses nach der Melodie von „Gott ist gegenwärtig“ die Kirchentagsparole: „Gott befreit zum Leben“. Margot leitete die Kirchliche Bücherei, die zusammen mit dem Gemeindesaal in einem Nebengebäude untergebracht war, sie betreute den Garten, nahm der Haushälterin das Einkaufen ab, kochte abends, und in der Pfarrhausmansarde fühlte sie sich in einer winzigen, mit weiblicher Intuition eingerichteten Wohnung am Ziel ihrer Biographie. Obwohl sie noch nicht vierzig Jahre alt war, stand für sie fest: Von hier ginge sie nie mehr weg. Außer, schlimmstenfalls, wenn du eines Tages doch versetzt werden solltest, sagte sie manchmal zu Vivian, der Pfarrerin, an die sie, bei aller Verschiedenheit ihrer beider Mentalitäten, freundschaftlich-fürsorgliche Gefühle banden. Margot glaubte, ohne sie werde Vivian eines Tages aus der Bahn geworfen. Über die Vorboten ihres Überschnappens wurde in der Gemeinde bereits getuschelt. Merkwürdige, meistens deprimierende, fast chaotische Gottesdienste hielt sie ab, traurige Lieder ließ sie singen. Auch war sie nicht verheiratet, aber nur, weil der Mann ihrer Wahl bereits verheiratet war. Ab und zu mahnte Margot: Diese Affaire könnte dir nochmal das Bein brechen, die Postbotin weiß Bescheid, also weiß die ganze Gemeinde Bescheid. Vivian fand, lieber breche sie dieses Bein als das andere. Mit dem anderen Bein meinte sie Margot und das Zusammenleben mit ihr unter einem Dach. Zwei Frauen allein im Pfarrhaus, reichlich zweideutig, oder? Um nicht vertrieben zu werden, beschwichtigte Margot die Freundin: Durch die Bücherei und das Einkaufen kriege ich viel mit. Die allgemeine Stimmung ist für uns. Alle finden eine Frauenfreundschaft ganz wundervoll.

„Gott befreit zum Leben / So ist das nun eben ...“ Margot

brach ab und fing neu an: „Gott befreit zum Leben / Gott nach dem wir streben / Gott allein kann Freude geben.“ Vivian, am Treppengeländer im ersten Stock, hörte entsetzt Margots Ausweitungen zum Gedicht zu. Sie zog sich an ihren Schreibtisch zurück. Viereinhalb eng bedruckte Seiten in der Concordanz unter dem Stichwort „Gott“! Und unter „Leben“? Nicht weniger. Vivian gab vor jeder Suche auf. Gewiß, sie hatte Probleme mit dem Gedächtnis, aber darin, daß „Gott befreit zum Leben“ überhaupt nicht in der Bibel vorkam, war sie sich ziemlich sicher, schon wegen der Syntax: Zum Leben befreien, eine üble Grammatik. Das Motto klang weder nach Aposteln noch Psalmen noch Propheten, Evangelisten und schon gar nicht nach einer Verlautbarung Jesu Christi. Es hatte einen Beigeschmack von Reklame. So könnte ein Heilpraktiker für sich werben oder jemand vom Verkehrsverein eines Kurorts, die Familienministerin mit einer Plakataktion zum Anheizen des Kinderwunschs. Gott müßte nur gegen andere Befreier ausgetauscht werden, gegen eine selbstgebastelte Heilpraktikermethode, gegen eine erschwindelte Luftkur-Luft, gegen ein Baby. Oh, in meinem Referat werde ich es euch allen geben, ihr zeitkonformen Kollegen, ihr auf die diesseitigen Glückserwartungen fixierten Daseinsfetischisten! Es gibt nämlich keine Verheißungen für unser irdisches Treiben, Gottes Zusage meint nicht unser Jetzt und Hier, hier ist das Jammertal, womit übrigens 6 Milliarden Menschen ihre bittere Erfahrung täglich wiederholen müssen, und was sind diese 6 Milliarden, die im Elend leben, verglichen mit den paar Millionen im Wohlstand? Mit denen, die sich unter anderem auch Kirchentage leisten können? Die Zahlen müßte Vivian noch überprüfen. Zahlen konnte sie schlecht behalten. Sie schrieb unter eine Ansammlung von feindseligen Notizen folgende Sätze: „Zu welchem Leben befreit Gott denn angeblich? Und wen befreit er? Die Slumbewohner zu einem neuen Tag im Dreck? Die Hungrigen zu einem neuen Tag mit Hunger? Die Verdurstenden zu noch mehr Durst? Die Schwerkranken zu schlimmeren Schmerzen?

Deutsche Ärzte knausern selbst bei Todkranken mit Opiaten aus Angst vor Nebenwirkungen ..." Nicht abschweifen. Das Abschweifen war für Vivian zur Gefahr geworden. Ebenso: ein Mangel an Geduld. Weil es ihr an Ausdauer fürs Verfolgen eines leitmotivischen Gedankens fehlte, neigte Vivian zu Assoziationssprüngen. Diagnose: Denkzerfall. Lesebrüche, sofern sie sich dazu aufraffte, in einem Buch ihres Fachs Nachforschungen zu betreiben, um das einst gelernte Material zurückzugewinnen.
Vivian ging im Zimmer hin und her. Halblaut vor sich hinreden ging jetzt gut, denn unten sang Margot ihre neuen Reime im alten Gesangbuchslied. „Der Gedanke an Gott", Vivian redete beim Schreiben „das ist die Freiheit, die Sehnsucht nach Gott ist die Freiheit, der Glaube ist der Sprung in die Freiheit – doch nie ist das die Freiheit zum Leben, sondern es handelt sich um die Freiheit vom Leben weg. Hoffen wir, daß der Sprüchemacher das Leben nach dem Tod gemeint hat. Sammeln wir also, liebe Gemeinde, Material für den Tod." Die Gemeinde wäre diesmal nicht Vivians mißgestimmtes Gegenüber. Sie würde auf ein Kirchentagsgrüppchen einreden, und nach der ersten Ermahnungsbotschaft blieben ihr wahrscheinlich für die weiteren geplanten Sitzungen wieder zwei, drei nervenkranke Frauen im mittleren Alter, ein schwerhöriger Greis und ein paar blasse junge Burschen treu.
„Vieles spricht für den Tod. Jeder kann für sich selber beantworten, wovon der Tod ihn erlösen wird." Nach ihrer Sammlung „Material für den Tod" wollte Vivian suchen, als Margot von unten herauf rief: Zu Tisch! Zu Tisch! Es folgten drei Gongschläge. Immer ließ Vivian sich gern zum Essen rufen. Margot kochte gut, und endlich hatte Vivian ihr auch knappe Portionen abgewöhnt. Weil Vivian hungrig war, machte es ihr nicht sehr viel aus, Margot beim fröhlichen Schwärmen über alles und jedes zuzuhören.
Und ich freue mich so sehr auf den Kirchentag. Wie weit bist du mit deinen Vorbereitungen? Übrigens, Peter Scholz hat ge-

schrieben. Hör mal zu, am Schluß klingt das wie ein Ausruf: „Leben wir nicht in herrlichen Zeiten? Ich bin so glücklich darüber, ausgerechnet in Berlin zu leben.“ Und Berlin hat er in großen Buchstaben geschrieben.

Ein schrecklicher Brief. Vivian schob ihren Teller mit Nudeln von sich. Dieser Unsinn verdirbt mir den Appetit.

Komm komm, sagte Margot. Du bist nur schlecht gelaunt, weil für dich heute wieder nichts bei der Post war, ich meine, von ihm.

Er ist zur Zeit im Ausland, wie du weißt. Vivian aß wieder. Sie mußte daran denken, daß Margot neulich ihr Frauenzusammenleben folgendermaßen gerechtfertigt hatte: Es rettet deinen Ruf! Jeder weiß, daß ich dir seine Briefe vorlese. Vivian fand, sie habe es zu weit kommen lassen.

Dieser deutsch-deutsche Schwachkopf von Peter Scholz, schimpfte Vivian. Läuft er immer noch durchs Brandenburger Tor, deutsch hin, noch deutscher zurück, oder hat sich das abgeschwächt? Ich werde diesen Brief beantworten, ich statt deiner.

Margot fand Vivian ungerecht und sie sagte es. Dürfen denn wir Deutschen uns nicht auch endlich mal freuen?

Vivian sagte: Ich schreibe ihm: Haben Sie das Ozonloch vergessen? Haben Sie die verhungernden Äthiopier vergessen? Die frierenden Afghanen? Die obdachlosen Armenier? Den Treibhauseffekt, die Überbevölkerung, die hilflosen Greise in den Dreibettzimmern der Pflegeheime? Und vor allem: Haben Sie die Naziverbrechen vergessen?

Margot unterbrach Vivian mit der Frage, wie weit sie mit ihren Vorbereitungen für den Kirchentag gekommen sei. Und hast du das Leitwort auf das neue Miteinander der Deutschen bezogen?

Das Miteinander! Das Untereinander, das Füreinander! Vivian schnaufte, um Wut und Ekel darzustellen. Was gibts zum Nachtisch?

Ich habe gefrorene Himbeeren aufgetaut. Sieh, da hast du es

wieder: Wir hier im Westen haben immer auf der Sonnenseite gelebt, Tiefkühlkost, nimm nur Tiefkühlkost.
Ich kenne einen Haufen Leute, für die schon das Wort „Sonnenseite“ eine einzige Verhöhnung ist. Vivian ließ auch Margots Einwand nicht gelten, im Vergleich und in Mengen ausgedrückt treffe das Bild von der Sonnenseite doch zu. Dann lächelte sie etwas schmalzig, als sie sagte: Man wird nur aufpassen müssen, daß diese Ostmenschen nicht von unserer Westethik überrollt werden. Sie haben derartig schöne und wichtige Werte. Denk an diesen Politiker neulich in der Talkshow. Wie er von einem Restaurant in Güstrow oder wo es war geschwärmt hat, es war so still da, viele Leute im Lokal, aber ganz still, und er sagte: Ich spreche immer vom halben Pulsschlag da drüben bei denen.
Medizinisch nicht ungefährlich, sagte Vivian. Nicht genug Zucker an den Himbeeren, oder?
Hurra, rief Margot. Das war der Test. Ja, es ist nicht genug Zucker dran, und du merkst es, du willst, daß es richtig schmeckt, also bejahst du das Leben. Sie sang: „Gott befreit zum Leben ...“ Du, ich krieg leider den Gorbatschow nicht in den Rhythmus rein. Der Name ist zu lang. Gott und Gorbatschow, die sinds, denen wir das deutsche Miteinander zu danken haben.
Öde bloß Gott nicht mit den Deutschen an. Vivian zuckerte ihre Himbeeren aus Versehen zum zweiten Mal. Deutsche sind Gott total egal.
Ich glaube, es ist ihm nicht egal, daß ich aus Wathlingen stamme.
Klang Margot betrübt? Ja, und trotzig auch. Vivian memorierte: Mein Leben ist nahe am Tod. Mein Leben ist nichts vor dir. Daß mein Leben kurz ist, und ich davon muß. Sie sagte: Ich möchte nichts dazu beisteuern, daß die Deutschen nur noch an Deutschland denken. Außerdem, wer weiß, was bis dahin ist, bis zu diesem Kirchentag. Man kann nichts vorbereiten, im Grunde.

Ungewöhnliches Schweigen Margots. Galater 5,1 ... Freiheit, zu der uns Christus befreit hat. Vivian dachte fest an ihre Freiheit, jetzt sofort sanftmütig zu sein. Die sehr süßen Himbeeren ließ sie im Mund zergehen, und etwas Hartes in ihrem Oberkörper weichte auf, bis ins Gemüt hinein – vielleicht ein chemischer Prozeß, Überzuckerung – und dann sagte sie: Du hast ganz recht, Margot, es ist ihm nicht egal.
Vivian spürte es: Gott befreit von der inneren Starre. Gott befreit sogar vom Drang, eine Überzeugung zu verteidigen. Er ist dafür, daß ich dieser arglosen warmherzigen Nervensäge und treuen Freundin etwas vorschwindle. Vivian sagte laut und deutlich: Es war Absicht, Margot. Daß du aus Wathlingen bist, wirklich. Du bist Gott ganz und gar nicht egal.
Und plötzlich glaubte Vivian sogar daran. Vergnügt schenkte Margot den Espresso aus, bald würde sie wieder singen.
Von da an ging Vivian „Gott ist gegenwärtig" im Kopf herum, aber mit dem Originaltext in der ersten Zeile. Doch über die kam sie nicht hinaus. Das Gedächtnisproblem! „Gott ist gegenwärtig / Alles in mir ...", was denn nur, alles in mir? Das Geduldsdefizit: Nachlesen ging auch nicht. Aber gegenwärtig blieb er auch so, inmitten sämtlicher Mangelerscheinungen: Gott.

Müde bin ich – und wie weiter?

In der zweiten Nacht war das Fieber in einen anderen Aggregatzustand übergegangen. Es machte Carlas Gliedmaßen weich und geschmeidig, und es war angenehm, sie unter der Bettdecke hin und her zu bewegen. Zusammenhangloses Denken, mehr ein Dahinschweifen, tauchte Carla immer tiefer in die Vergangenheit. Ich sterbe doch nicht etwa? Läuft nicht hinter den geschlossenen Augen von Menschen, die sterben, das vergangene Leben wie ein Film ab? Oder gilt das nur für Ertrinkende? Aber ich bin jung, ich bin ja überhaupt nicht schwerkrank, und wenn ich nicht einmal einschlafen kann, ganz normal einschlafen, muß ich vom Sterben weit entfernt sein.

Der kleine Angsteinschub brach ab, und Carlas Rückblendengewirr machte vor einer Szene halt. Carla lag als kleines Mädchen im Bett, an das die Mutter zum Gute-Nacht-Abschied trat. Vorher hatte sie bei der Einstellung des Rolladens und dem Drapieren der beiden Vorhangshälften dafür gesorgt, daß der gewohnte Lichtschimmer von der Straßenlaterne ins Schlafzimmer fiel. Die Mutter setzte sich aufs Bett, und was geschah nun? Carla, beim Erinnern, erschrak und freute sich gleichzeitig. Die Mutter faltete ihre Hände, Carla faltete ihre Hände, Carla sprach ihr Abendgebet. Drei Strophen? Es gab eine dritte Strophe, oder nicht? Oder haben wir das Gebet gemeinsam gesungen? Es hatte eine schöne Melodie, die Carla, die erwachsene Carla mit dem Fieber, jetzt summte. Friedenstiftend. Wie beruhigend! Und was für wichtige Sätze! „*Hab ich Unrecht heut getan / Sieh es lieber Gott nicht an.*“ Und sofort sah er es überhaupt nicht mehr an, Carlas heutiges nichtiges Unrecht, der freundschaftliche alte Gott, bei dem Carla immer an eine bräunliche Photographie ihres Urgroßvaters denken mußte. Carla sah ins vertrauenerweckende Gesicht ihrer Mutter, es beugte sich zum Küssen über sie, und irgendwann stand

auch der Vater neben dem Bett, um wie jedes Mal „*Der liebe Gott sei mit dir*“ zu sagen. Von da an konnte eigentlich nichts mehr passieren.
Carla gab sich einen Ruck. Sie zwang sich dazu, das Bild ihres Kinderabendfriedens mit der Gegenwart zu verknüpfen. Sie fühlte sich nicht mehr fiebrig, sie war nur noch entsetzt. Das Dirkchen! Wir haben ja nie mit ihm gebetet! Das haben Micky und ich total vergessen, wir habens einfach *vergessen*, weiter nichts! Sollte sie nach Micky rufen? Um ihn nicht zu schockieren, könnte sie das Gespräch über Dirkchen und Gebete und Gott mit der unverfänglichen Behauptung einleiten, sie habe Lust, noch irgendwas zu essen. Und etwas Hunger hatte sie wirklich plötzlich. Micky! Es blieb still in der Wohnung, Micky hörte sie nicht, und Carla wurde nun endlich auch müde. Dirkchen, von nun an machen wir vor dem Einschlafen was Neues. Micky, wie konnten wir das nur vergessen? Carla gähnte. Einschlafbereit legte sie sich auf die linke Seite. Zum Glück war Dirk erst vier, noch nicht zu alt, um Gott kennenzulernen.
Als Carla wieder gesund war, dachte sie tagelang nicht an ihr Nachtentsetzen. Eines Abends, als sie in der Küche zum Eichblattsalat Shrimps mit Knoblauch und Pfeffer puderte und sich dabei rundum wohlfühlte, fiel ihr, auf dem Umweg über eine kleine Gewissensmelancholie – sie fühlte sich so wohl, weil Dirk immer noch bei der Großmutter war – das Beten ein. Was hielt denn eigentlich Micky vom Religiösen? Sie kannten sich schon sieben Jahre lang, und doch wußte sie das nicht von ihm. Carla fand, von ihr habe Micky im Lauf der Zeit viel mehr erfahren als sie von ihm. Die meisten Männer redeten nicht gern über Intimes, über ihr Innenleben. Männer, die das doch taten, machten Carla nervös. Julius war so ein Beispiel. Merkwürdig, denn von Micky etwas mehr zu wissen, könnte nicht schaden. Was denkt er über Religiöses? Keine Ahnung. Nichts Gutes. Ich weiß das nicht von ihm und das nicht und das nicht. Das allermeiste weiß ich nicht. Carla hielt Micky für zu ironisch, um an Gott zu glauben. Sie hatte sich seiner ironischen

Lebenshaltung angepaßt, aber vielleicht dachte er, es verhalte sich umgekehrt, vielleicht zwang *er* sich dazu, sich *ihr* anzupassen. Sie machten sich über fast alles lustig. Nein, das Ironische war von Anfang an von ihm ausgegangen. Denn immerhin schrieb Carla ab und zu Gedichte. Sollte sie als Variation ihr Salat-und-Shrimps-Gericht mit etwas Ingwer und Muskat abrunden? Aber Micky war nicht für Experimente. Besser, alles schmeckte wie gewohnt, und keine Gewürzrisiken störten beim Thema „Abendgebet". Schließlich ging es um ihren Sohn. Man konnte in einer Erziehung nicht einfach die Dinge so laufen lassen. Einem Kind mußte man jede mögliche Chance geben. Er bekam massenhaft Spielsachen, aber wie nützten sie seiner Phantasie?
Carla hoffte beim Essen, ihre Einsilbigkeit würde Micky auffallen. Irrtum. Immerhin: Nach nur minimaler Aufforderung lobte er das Essen. Carla empfand plötzlich Bitterkeit. Die richtete sich gegen Micky, der das nicht verdient hatte. Er sah ziemlich erschöpft und nach Ärger mit dem Abteilungsleiter aus. Und daß er beim zweiten Gang – Carla hatte Brote mit Cheddar-Käse vorbereitet – in der Zeitung blätterte, sprach auch nicht gegen ihn, sondern er pflegte nur ihrer beider Lieblingssitte, Lesen beim Essen, wenn Dirk bei seiner Großmutter war. Es muß etwas Transzendentes in dieser Familie Einzug halten, dachte Carla. Wir leben schrecklich oberflächlich. Der liebe Gott ihrer Kindheit, ob Er sich auf ein so spätes zweites Engagement noch einmal einließe? Er wäre ein dermaßen wichtiges Angebot, und sie mußten es dem kleinen Dirk machen.
Den Nobelpreis für Literatur bekommt in diesem Jahr ein Südamerikaner, berichtete Micky, ehe er die Seiten mit dem Feuilleton links neben seinem Stuhl auf den Boden sinken ließ. Sind es nicht meistens Südamerikaner? Ist dieser da dir ein Begriff?
Ja, klar, sagte Carla. Er ist ein Lyriker.
Hauptsache, es ist kein Deutscher, der den Nobelpreis kriegt.

Nur nicht schon wieder ein Weltmeister. Micky nahm sich den Wirtschaftsteil vor.
Es ist noch ein bißchen Salat da, sagte Carla. Möchtest du?
Gern, danke. Ohne aufzublicken, reichte Micky seinen Teller in die Gegend, in der er die Salatschüssel und Carlas Hände vermutete.
Carla raffte sich auf und sagte:
Wenn Dirk mal in die Schule kommt, weiß er überhaupt nicht, wer Gott ist.
Dann wird es ihm nicht anders gehen als den bedeutendsten Theologen, sagte Micky.
Er wird nicht wissen, wovon die Rede ist, sagte Carla.
Er wird Religionsunterricht haben, sagte Micky. Was hast du sonst noch dran an diesem Salat? Micky hielt seine Gabel in Carlas Blickrichtung.
Carla erkannte ein blaßrosa Stückchen Plastik. Es sah wie etwas Abgebrochenes von einem Hörgerät aus.
Wenn das ein Shrimp ist! rief Micky.
Das muß denen im Geschäft passiert sein. Es ist nichts aus unserer Küche. Carla klang trotzig, und Micky konnte sie jetzt nicht ausstehen, weil er mit der alten Leier kam, sie solle ihre Lesebrille aufsetzen, bei allen Küchenarbeiten und am besten auch bei ihren paar seltenen Beschäftigungen im Haushalt. Schon wieder brauchte man doch inwendig Gott, in jeder banalen Angelegenheit. Wie konnte ich Ihn dem Dirkchen vorenthalten! Carla stöhnte demonstrativ und fing an, den Tisch abzuräumen.
Machen sie nicht irgendwas mit Religion im Kindergarten? Micky hörte sich versöhnlich an. Gibts noch Nachtisch?
Yoghurt mit Himbeeren, sagte Carla. Wehmut überkam sie bei der Erinnerung an vorhin, als sie sich in der Küche glücklich gefühlt hatte. Nein, im Kindergarten machen sie gar nichts derartiges.
Sie werden doch irgendwelche Lieder singen?

Aber keine Kirchenlieder, garantiert nicht. Nicht in der „Kinderalternative".
Micky sagte: Nun, er hat ja Weihnachten. Er hat schon viermal Weihnachten gehabt.
Na und? Carla hämmerte auf dem Eßtisch herum. Da hat er seine Spielsachen ausgepackt und die Kerzen gesehen und dich in meinen roten Bademantel gezwängt und mit meiner Kosmetikwatte als Bart, nein, weißt du, komm mir nicht damit.
Und was ist mit deiner Mutter? Mit deinem Vater? Von denen hast du doch das alles!
Und wann haben sie unseren Sohn? Er kommt doch immer, wenn wir ihn hier mal nicht brauchen können, zu deiner Mutter, weil wir da 200 Kilometer weniger fahren müssen, und deine Mutter ist bekanntlich Atheistin.
Sie hat ein paar Enttäuschungen erlebt, na und. Micky wirkte bedrückt. Zwei Scheidungen, einen Krebstoten. Das wirkt ganz schön dämpfend auf irgendwelche Dankbarkeiten und Begeisterungen für irgendwas mit Gott und Konsorten.
Als ginge es darum! Carla stöhnte wieder.
Vielleicht hat Miriam ihm irgendwas von der Heiligen Familie erzählt. Micky klang jetzt vorsichtig. Miriam war katholisch. Katholiken können meistens irgendwas Frommes gar nicht unterdrücken, sie merkens gar nicht und so weiter.
Miriam war ihr au-pair-Mädchen, das sich von halb acht Uhr morgens bis vier Uhr am Nachmittag um Dirk kümmerte. Seit sie endlich Miriam gefunden hatten, arbeitete Carla wieder in ihrem alten Beruf als Assistentin des Vertriebsleiters in einem kleinen Verlag.
Carla wiederholte, ohne auf Miriam einzugehen, es sei nicht günstig für Dirk, wenn er in der Schule zum ersten Mal von Gott erführe.
Das Wort hört er doch täglich viele Male, Gott, wir sagens doch dauernd. Um Carla aufzuheitern, schnitt Micky eine Grimasse und machte: Ohgottohgott! Ohgottchen!

Schlimm genug, schimpfte Carla. „Du sollst den Namen deines Herrn nicht unnütz im Munde führen."
Sag mal, liest du zur Zeit etwa irgendwas in der Richtung? fragte Micky.
Schlimm genug, daß wir dauernd so gedankenlos „Lieber Gott" und „um Gottes willen" sagen und „Gott sei Dank". Carla war jetzt erst richtig erbittert.
Bist du auf dem religiösen Trip? erkundigte sich Micky, der mit seinem über eine Portion Himbeeren gestülpten Yoghurt ins Wohnzimmer abzog, um in Ruhe die Fernsehnachrichten anzusehen.
Er braucht zum Beispiel ein Abendgebet, rief Carla ihm hinterher. Übers Abendgebet könnte man alles einleiten.
Armes Kind, armes Schätzchen, dachte sie, bei uns bist du nichts weiter als versorgt, aber sonst? Ganz und gar verlassen. Bei zwei Leuten, die sich über alles lustig machen. An wen sollst du dich wenden, wenn du Kummer hast? Kummer durch Micky oder mich? Ein Abendgebet wäre ein Hilferuf, und zu Hilferufen hatten Micky und Carla, der diese Einsicht einen Schlag versetzte, schon öfter Anlaß gegeben. Was Dirk brauchte, war ein großer gütiger übergeordneter Vater. Dirk mußte wundervolle Wörter wie „gnädig" und „behüten" kennenlernen.
Beim Fernsehen, in einer Diskussion über Sponsoren im Sport, sagte Carla: Weißt du, was wir bei Dirk auch noch vergessen haben?
Noch was? Und das wäre? Micky seufzte.
Das Wort: Vater. Meinst du, er weiß, was ein Vater ist?
Ich bin sein Vater, und er weiß es. Waren das eigentlich frische Himbeeren oder war es Tiefkühlkost?
Tiefkühlkost. Carla fand, auch ihre Stimme komme unaufgetaut aus dem Eisfach. Dirk nennt dich immer nur Micky.
Carla betrachtete Mickys Profil. Micky tat ihr leid, weil sie ihn aus der Ruhe brachte. Er hatte die Augenbrauen hochgezogen und schien sich eine sarkastische Antwort zu überlegen. Auf

einmal wußte Carla nicht mehr, wen sie am meisten bemitleidete: Dirk, Micky? Am allermeisten bedauerte sie wahrscheinlich sich selber. Wie konnte das passieren? Aus heiterem Himmel? Oh Himmel, was war denn bei ihnen ein heiterer Himmel?

Wir brauchen ja von jetzt an nicht religiös zu werden, keine Angst, sagte Carla. Wir können es rein psychotherapeutisch betrachten. Das Abendgebet ist eine große Hilfe. Es macht friedlich.

Fiel mir nie auf, daß Dirk abends nicht friedlich ist. Wir sitzen bis zu einer Viertelstunde bei ihm am Bett und erzählen ihm von Pummi, Bongo dem King und Elfriede. Entweder du oder ich. Micky warf mit dem Geber ein anderes Bild auf den Schirm. Unter Brückenpfeilern jagten sich große amerikanische Autos. Sieht nach New York aus, sagte Micky, Hafenviertel. Du kannst ihm jetzt nicht plötzlich irgendwas von Gott erzählen. Laß alles beim Alten.

Aber an wen soll er sich wenden, wenn er mit uns nicht zufrieden war, so wie neulich, als er wegen des Dreirads geweint hat.

Er hat was dabei gelernt. Lernen muß er.

Mach doch diese Autojagd weg. Mach besser den Apparat aus.

Es kam nicht oft vor, daß Carla von einem Fernsehabend abriet. Micky schaltete den Apparat aus. Sie hatten beide noch einen Stapel Zeitungen auf ihren Vorratsplätzen für Lektüre.

„Der Sturm pflückt die Rosen." Carla las vor.

Was soll das sein? Von dir? fragte Micky.

„Ich schaue auf ins Gestirn und lese mich." Es ist vom Nobelpreisträger, sagte Carla.

Hätte wirklich von dir sein können, sagte Micky.

Das stimmt. Er schreibt keine besseren Gedichte als ich, nicht irgendwie bedeutungsvoller. Carla wußte, Micky wäre ihrer Meinung. Er fand ihre Gedichte schlecht. Sie langweilten ihn. In diesem Moment verstand Carla ihn sehr gut. Alle diese Ge-

dichte, die des Nobelpreisträgers, ihre eigenen, alle zeitgenössischen Gedichte, alles mit Rosen und Gestirn und irgendwelchen Inschriften, alle waren sie langweilig.
Im Badezimmer machte Micky einen erschöpften Eindruck. Auch Carla fand sich häßlich, zermürbt. In diesem Spiegel sieht man furchtbar doof aus, sagte sie. Ich weiß nicht, warum wir uns das antun.
Micky wurde nicht ironisch, nichts. Beim Zähneputzen fragte er, und Carla erkannte, daß er absichtlich undeutlich sprach, mit der Bürste im Mund, um bloß keine feierliche Wirkung zu erzeugen: Weißt du denn überhaupt irgendwelche Abendgebete? Dann spuckte er aus, wischte sich den Mund ab und ging nach nebenan ins Schlafzimmer.
Ich liebe ihn. Ich liebe ihn doch, dachte Carla. Ich habs nicht mehr gewußt. Sie war fröhlich. Aber ihre Stimme blieb so teilnahmslos wie seine vorhin, als sie antwortete: So auf eins oder zwei würde ich schon kommen.
Eins wäre genug, sagte Micky.
„Müde bin ich, geh aufs Amt," sang er am nächsten Morgen, als er sich zu Carla vor sein Frühstücksgedeck setzte. Carla wunderte sich und wurde vergnügt. Um diese Tageszeit war meistens mit ihnen beiden wenig anzufangen, sie redeten kaum, hatten wenig Zeit, waren noch verschlafen, räumten auf, während sie noch kauten.
Du kennst ja sogar die Melodie, sagte Carla.
Ist mir plötzlich eingefallen, sagte Micky. Ich bin bereit, es als erster mit der Sache zu probieren.
Am Wochenende würden sie Dirk bei der Großmutter abholen. Noch drei Tage. Carla war plötzlich nervös. Micky, und damit rührte er sie, sang nun ohne Text mit „la la la", die Kindheitsfriedensmelodie aus ihrer Fiebernacht weiter. Carla fragte: Machen wir das Dirkchen aber nicht womöglich melancholisch, wenn wir damit anfangen? Es geht ihm ja gut, er fängt schon an mit dem Technik-Kasten, er will schon einen Lastwagen bauen …

Micky zog seine Jacke an. Er meinte, auch Carla solle sich beeilen. Sie hatte den kürzeren Weg zu ihrem Verlag. Schon deshalb fuhr sie das kleinere Auto.
Jetzt bin ich aber dafür, daß wirs machen. Das Abendgebet. Also, ich muß los. Ciao. Paß gut auf dich auf.
Machs gut, rief Carla ihm hinterher. „Müde bin ich geh zur Ruh," sang sie, und übergangslos den Anfang der zweiten Strophe: „Hab ich Unrecht heut getan." Sie stellte das Frühstücksgeschirr ins Spülbecken, drehte das heiße Wasser auf und ließ über alles den Strahl laufen. Weiß Dirk, was Unrecht ist? Und die Melodie, sie macht wirklich wehmütig. Melancholie, dachte sie plötzlich im Auto, warum nicht? Gut so! Melancholie ist auch ein ganz wichtiges Angebot für ein Kind. Was wäre der Mensch, ohne dieses Versteck: die Melancholie. Vor lauter glücklicher Aufgeregtheit fuhr sie bei Rot über die Kreuzung. So doof Gedichte auch sind, vielleicht schreibe ich doch wieder mal welche. Verdammter Nobelpreisträger, fluchte sie über einen Rechtsabbieger, der kein Zeichen gegeben hatte.

Schon seit drei Tagen lebte Dirk wieder zu Haus bei seinen Eltern, die das Thema „Abendgebet" nicht mehr besprochen hatten. Heute abend war Micky an Dirks Bett dran und erfände dort eine Fortsetzung in der abenteuerlichen Geschichte von Pummi, Bongo dem King und Elfriede. Im Fernsehen behaupteten freigelassene Geiseln in die Mikrophone von Journalisten, sie seien gut behandelt worden, und Carla ärgerte sich, die Geiseln drängten zum nächsten Flughafenschalter, Micky kam ins Wohnzimmer und ließ sich in einen Sessel fallen. Das besaß Demonstrationswert. Ihre Sessel waren fragil, man mußte vorsichtig mit ihnen umgehen, und nur Besucher landeten mit einem Plumps in den schwachen Polstern.
Ist was? fragte Carla.
Peng! Peng peng peng! machte Micky.

Was ist denn mit dir passiert? fragte Carla. Verstand verloren?
So ungefähr. Micky lachte, griff sich eine Zeitung, blickte ab und zu über den Zeitungsrand auf den Bildschirm. Dort gab es jetzt ein indisches Gemetzel zu sehen. Hindus gegen Moslems. Micky sagte: Morgen abend um diese Zeit wirst du es verstehen. Peng! Peng!
Ich wills aber schon heute abend verstehen, beharrte Carla. Du kriegst nichts zu essen, wenn du mirs nicht sagst.
Was gibts? fragte Micky.
Ich hab Asia-Gemüse mitgebracht und gebe dreihundert Gramm Hackfleisch rein, sagte Carla. Beim Kochen und im weiteren Abendverlauf vergaß sie Mickys verbale Schießerei. Im Bett erzählte er ihr, er habe heute mit Dirk das Beten ausprobiert.
Und? Wie wars? Carla wurde hellwach.
Micky wälzte sich auf seine Einschlafseite, von Carla abgekehrt, und mit einem Gähnen beim Sprechen berichtete er von einem Reinfall.
Reg dich nicht auf, geht alles auf mein Konto. Ich hab den Text nicht weiter gewußt. Versuch du es morgen.
Carla, am nächsten Abend auf Dirks Bettrand, war gerade bei „Schließe beide Äuglein zu," als Dirk seine gefalteten kleinen Hände auseinanderriß und dann so formte, als umklammere er eine Pistole. Peng peng! rief er.
Sein schönes freundliches und sanftes Kindergesicht war fröhlich. Dirk versuchte, grimmig und schießwütig auszusehen.
Jetzt nicht, sagte Carla, der es gelang, behutsam zu sprechen. Was wir jetzt machen, das ist … also wir beten.
Peng peng! Dirk knallte Salven durchs ganze Zimmer.
Wir gewöhnen uns jetzt an, ein Abendgebet aufzusagen. Hör auf mit dem Unsinn. Schießen ist sowieso etwas Schreckliches, und du weißt, daß du es nicht machen sollst. Carla drückte Dirks warme Hände wieder so zusammen, daß sie einigerma-

ßen gefalteten Händen gleichkamen. „Vater laß die Augen dein / Über meinem Bettchen sein.“ Diesmal hatte sie gesungen. Dann wartete sie etwas irritiert auf Dirks Frage nach diesem Vater. Was ist das, ein Vater.
Micky ist ein Vater, er ist dein Vater. Das waren sehr unzulängliche Antworten.
Dirk sah verwundert und nachdenklich aus, er wirkte enttäuscht. Er sagte nichts mehr. Sein Gesichtsausdruck war leicht zu deuten. Dirk sah ungläubig aus. Ungläubig!
Es müßte den Führerschein für Eltern geben, sagte Carla zu Micky. Dann fing zum Glück sofort die Folge aus ihrer Lieblingskriminalserie an.

Erzählen Sie mir was vom Jenseits

Bertine beugte sich aus dem offenen Küchenfenster und rief aufs Geratewohl: Marie Rosa! Wo steckt sie denn, fragte sie keinen, oder vielleicht Witiko, dem es egal war. Dann entdeckte sie ihre Schwester am Beet mit den hohen Fingerhutstauden. Da stand sie wie eine große Pflanze, das kurzgeschnittene und oben auf der Schädeldecke widerspenstige Haar schimmerte in der Mittagssonne – die Sonne ist nicht gut für sie, dachte Bertinc und wurde zornig auf den Sommer – eine große Pusteblume, Löwenzahn im Endstadium. In aller Ruhe, als stehe die Zeit still, betrachtete Marie Rosa geduldig ein Gartengewächs nach dem anderen, und jetzt beobachtete sie, wie die Bienen in die Schlupflöcher der Fingerhutblüten krabbelten, wieder herausflogen. Marie Rosa, komm bitte! rief Bertine in den Garten und durch die offene Küchentür ins Haus: Sie wird gleich kommen.

Es ist der Pfarrer, sagte sie leise. Marie Rosa stand unter dem Küchenfenster. Sie verzog ihr Gesicht. Komm bitte rein, stell dich nicht an, sagte Bertine.

Aber mein Geburtstag fällt aus, erklärte Marie Rosa dem Pfarrer.

Er saß auf einem der Stühle, die im Erker um den Eßtisch standen, und jetzt erhob er sich schnell, um Marie Rosa die Hand zu schütteln.

Die allerherzlichsten Glück- und Segenswünsche, liebe Frau Lietzmann. Der Pfarrer lächelte nachsichtig. Er war ein freundlicher junger Mann und verhältnismäßig neu in der Gemeinde. Um zu demonstrieren, daß Haarwuchs allgemein betrachtet nicht sein Problem war, trug er einen kräuseligen Bart wollmützenartig, als habe er aus Versehen die falsche Seite seines Kopfes bekleidet. Die obere Kopfhälfte war fast kahl. Marie Rosa fand verwunderlich, wieso das bißchen Haar auf dem Schädel glatt und hellblond war, der Bart unten aber kraus und fast dunkelbraun. Es war ein heißer Tag, und der Pfarrer trug kein Sakko, aber eine Krawatte zum halbärmeligen Hemd, und auch auf seinen Unterarmen gedieh das Haar gut. Der Pfarrer entschuldigte sich für sein legeres Auftreten. Die Hitze, nicht wahr?

Oh ja, es ist furchtbar heiß, auch ich habe mich nicht gerade fein gemacht, sagte Marie Rosa. Ich meine, es ist vollkommen in Ordnung, so wie Sie angezogen sind. Sie beobachtete den Pfarrer, besser, seine Finger der linken Hand, die mit den winzigen Löckchen auf dem rechten Unterarm spielten, sie war ganz fixiert darauf, konnte den Blick von diesem Tun nicht wenden, nun wechselte er ab, und die Finger der rechten Hand zupften an den Härchen des linken Unterarms, und Marie Rosa ekelte sich ein bißchen, aber sie fand es interessant.

Schöner Tag heute, sagte der Pfarrer, ein herrlicher Sonnenschein. Die Menschen sind ganz glücklich. Die Schwimmbäder voll, die Fußgängerzone …

Mit einer Ausnahme, unterbrach Marie Rosa.

Wie bitte?

Die Ausnahme bin ich. Ich bin nicht glücklich.

Das tut mir sehr leid. Der Pfarrer machte sein Amtsgesicht, und Marie Rosa beugte sich vor, um ihn zu studieren, ernsthaft und zugleich amüsiert stellte sie fest: Jetzt haben Sie Ihre Gesichtsmuskeln umorganisiert. Das ist wirklich faszinierend. Sie können es schon sehr schnell. Nein nein, keine Angst, besondere Nöte und Sorgen habe ich nicht, ich bringe jetzt nichts Gräßliches vor, nichts, wodurch Sie Seelsorger werden müßten.

Der Pfarrer lachte. Er wollte etwas sagen, aber Marie Rosa kam ihm zuvor: Diesmal hat es nicht so gut geklappt wie vorher.

Was denn?

Sie können nicht sofort wieder unbeschwert und vergnügt aussehen. Andersherum ging es viel rascher.

Bertine brachte eine Flasche Wein und zwei Gläser.

Was ist denn das für eine schreckliche Idee, kommentierte Marie Rosa. Entschuldigen Sie, Herr Pfarrer, aber ich feiere schon längst meine Geburtstage nicht mehr.
Ausgesprochen schade, sagte der Pfarrer.
Er fühlt sich verdammt unbehaglich, dachte Marie Rosa und sie hätte es gern gesagt, unterließ es aber wegen Bertine. Bertine würde nachher sowieso schimpfen. Warum tust du nicht so, als wäre dir das alles recht? Warum spielst du das Spiel nicht mit? Er muß schließlich kommen, er kommt zu allen ab achtzig.
Der Pfarrer nahm gern einen Schluck. Er sagte: Und wenn es nur deshalb ist, und hob sein Glas: Auf Ihr Wohl! Gesundheit und Lebenskraft und Freude weiterhin.
Es fehlt an allen drei genannten Werten, sagte Marie Rosa.
Eine Gnade, dieses Alter, sagte der Pfarrer.
Marie Rosa sah Bertine ins ängstlich grimassierende Gesicht. Wieso ist das Alter eine Gnade? Ich sehe das ganz anders.
Für Menschen wie Sie ist es eine Gnade, beharrte der Pfarrer, aber er wirkte beeinträchtigt, war seiner Sache nicht sicher. Sie können noch für sich allein sorgen, wie man hört, spielen Sie sogar noch auf Ihrer Geige, Sie genießen noch Ihren Garten ... Er sah sich um, ihm fiel nichts mehr ein. Zum Glück für ihn blendete ihn ein Sonnenstrahl: Sie können sich noch an der Sonne erfreuen.
Das nun gerade nicht, widersprach Marie Rosa. Der Sommer ist nicht gut für mich. Letztes Jahr war ich ziemlich krank. Und überhaupt: Ich höre immer dieses „noch“. Noch noch noch.
Bertine machte sich davon.
Aber bedenken Sie, viele Menschen Ihres Alters liegen in Pflegeheimen im Bett, sagte der Pfarrer.
Ich würde vorher Schluß machen, ich seh mir immer diese fürchterlichen Fernsehreportagen an, wenn Alte gefüttert werden und so was, also, das würde ich eines Tages verhindern müssen.

Wir haben unsere Zeit nicht selbst in der Hand, sagte der Pfarrer. Sie sollten öfter mal hier heraus und in die Stadt kommen. In unsere hübsche überschaubare freie Kreisstadt. Er lachte. Waren Sie je im Park-Café? Die Terrasse liegt günstig mit Aussicht auf die Fußgängerzone in all ihrer Betriebsamkeit und doch auch Beschaulichkeit, viele ihrer Altersgenossen, so weit sie es noch können, verbringen dort geruhsame Nachmittagsstunden.
Ich habe meinen Garten, sagte Marie Rosa. Wir sind nicht mehr zeitgemäß.
Wer ist nicht mehr zeitgemäß? Die alten Menschen? Der Pfarrer lachte. Welch ein Irrtum! Heutzutage werden die Menschen sehr alt, also gehören Sie durchaus in das Bild unserer Zeit.
Wir, in meiner Familie, wir sind nicht zeitgemäß. Ich bin doch nicht unhöflich? Aber wenn ja, dann kommt es daher, daß ich fürchte, Sie quälen sich hier ab, und wir reden nicht die gleiche Sprache.
Ich möchte Ihnen Lebensmut machen, sagte der Pfarrer. Er spielte verstärkt mit den Haaren, die ihm verblieben waren, er wechselte nun auch zu den Bartkräuseln über und drehte an ihnen herum.
Es wäre wirklich als einziges sinnvoll, wenn Sie mir irgendwas Schönes vom Jenseits erzählten, sagte Marie Rosa.
Hier und heute, liebe Frau Lietzmann, hier auf Erden sollten wir, jeder in sich selber und um sich herum, das Paradies suchen.
Ich halte das für vergeblich. Es wäre Zeitverschwendung. Ich habe gestern einen Film über Ruanda gesehen, vielleicht wars auch Somalia oder der Sudan.
Gewiß, wir haben Glück, nicht auf der falschen Seite des Globus geboren zu sein. Der Pfarrer erholte sich nach einer kurzen Pause der Ratlosigkeit und einem Schluck Wein, und brachte erfrischt, rosig verfärbt vor: Der Buddhismus lehrt, im Hier und Jetzt und Heute glücklich zu sein, das Glück anzustreben.

Damit nicht zu warten bis nach dem ... Er räusperte sich, wollte das Wort „Tod“ nicht aussprechen. Bis nach dem Ende unseres hiesigen Lebens.
Ich bin keine Buddhistin, und Sie sind ein evangelischer Pfarrer. Und da, wo der Buddhismus die offizielle Religion ist, da geht es, glaube ich, den meisten Menschen auch dreckig.
Trotzdem, ja, ich bin Christ, trotzdem können wir von den anderen Religionen viel lernen.
Ich nicht. Ich kanns nicht, und ich wills auch gar nicht.
Ihr habt doch keinen Streit? Bertine hatte sich wieder ins Erkerzimmer gewagt, sie lachte, aber ihr Ausdruck war regelrecht gepeinigt.
Lach doch nicht so künstlich, rief Marie Rosa ihr zu. Ja, wir haben so ein klein bißchen Streit, nichts Schlimmes.
Man kann sich ganz wundervoll mit Ihrer Frau Schwester unterhalten, lobte der Pfarrer, der erlöst aussah, weil er Bertines Hinzukommen als Signal für seinen Aufbruch wertete. Er stand auf. Es ist anregend, mit ihr zu diskutieren. Sie ist geistig sehr rege.
Diesmal haben Sie das „noch“ vergessen, sagte Marie Rosa, auch sie stand auf. Jetzt lächelte sie dem Pfarrer aufmunternd zu, keine Spur mehr von Ingrimm im Gesicht. Es war sehr nett, daß Sie mich besucht haben. Aber denken Sie nicht, mein Alter würde mir irgendwelchen Spaß machen.
Wir müßten uns eingehender darüber unterhalten, sagte der Pfarrer, dem anzumerken war, welchen Horror er vor weiteren Diskussionen mit dieser widerspenstigen, die angenehmen Klischees zertrümmernden Alten empfände, nähme er sie sich tatsächlich ernsthaft vor. Er wagte es nicht einmal, wie sonst bei ähnlich alten Jubilaren, Marie Rosas rechte Hand in seine beiden Hände zu nehmen: eine im allgemeinen wirkungsvolle Geste, die den Leuten Eindruck machte. Er ließ sie schnell wieder los, die Hand dieses schwierigen Gemeindemitglieds.
Er taugt wirklich nichts, sagte Marie Rosa zu Bertine. Sie sa-

ßen sich am Küchentisch gegenüber und aßen Kirschenkompott zum Vanillepudding. Wenn Louisa nicht da ist – sie lebt vom Montagabend bis zum Freitagmorgen allein in ihrem eigentlichen Zuhause, das ihr Mann für seinen Ruhestand in einem Vorort der Großstadt gebaut hatte, und alle in der Familie waren froh, wenn Rupert nicht zum Beispiel das Thema *Zukunftsplanung* oder *Wohnungsnot* oder *Leerstehende Häuser: ein gefundenes Fressen für Einbrecher* anschnitt – wenn also in der Wochenmitte Marie Rosa und Bertine zu zweit sind, essen sie mittags in der Küche. Es wäre ihnen nie in den Sinn gekommen, Louisa mit derart kleinbürgerlichen Sitten zu belästigen. Aber sie beide genießen es.
Du warst nicht höflich zu ihm, sagte Bertine. Du hättest ihn einfach machen lassen sollen. Er muß das tun, Leute besuchen, die Geburtstag haben.
Altenbesuche und schöne Sprüche, sagte Marie Rosa.
Unsere älteste Schwester hätte sich fein benommen, sie hätte gelächelt und hübsch ausgesehen. Bertine seufzte. Aber Qualen ausgestanden, dachte sie. Sie tut zwar so, als machten Geburtstage ihr nichts aus, doch nur aus Gehorsam gegenüber Daten und Gebräuchen. Sie hat eine furchtbare Angst davor.
Sie ist eine ehemalige Pfarrersfrau, und außerdem hätte sie kein Wort verstanden. Der Pfarrer nuschelt. Ich kann ihn mir nicht gut beim Predigen vorstellen. Wahrscheinlich macht er Cocktails auf der Kanzel.
Cocktails?
Ein Meßbecher Buddhismus drin, einer mit Islam, eine Spur Christentum, und was gibts noch alles? Ich vermute, in Wirklichkeit ist er ein Atheist. Ein Sozialpädagoge.
Er ist anscheinend ziemlich beliebt. Bertine meinte, davon gehört zu haben.
Eben deshalb, sagte Marie Rosa. Ich möchte ihn nicht an meinem Sterbebett haben. Ich möchte nicht, daß du ihn holst, wenns drauf und dran geht bei mir …

Hör doch auf, Bertine schrie Marie Rosa an. Du bist schließlich nicht katholisch. Es gibt keine Ölungen und keine Pfarrer bei Protestanten. Und außerdem stirbst du nicht. Wo ist mein Hund überhaupt?
Der Hund kam angetrottet und Bertine beruhigte sich.
Eines Tages doch, sagte Marie Rosa.
Was, doch?
Ich sterbe.
Ich auch.
Ich aber vorher.
Glaub ich nicht.
In diesem Augenblick glaubte Bertine es wirklich nicht und sie fühlte sich wohl, sie streichelte das zarte warme Hundefell an Witikos Stirn, ein guter Augenblick.

III. AUTOBIOGRAPHISCHES

1. Umfragen

Das Pfarrhaus

Von diesem Haus kann ich nur im Imperfekt sprechen, und das Possessivpronomen muß ich weglassen.
Im Schwesternhaus, wie wir die Zentrale des Diakonievereins, das langgestreckte, bräunlich verputzte Gebäude genannt haben, weil uns Heimathaus oder erst recht Mutterhaus zu gemütvoll war, hieß es das *Pfarrhaus*. Es steht neben keiner Kirche, keine Gemeinde gruppiert sich um es; überhaupt: kaum Nachbarn. Bitte, das Pfarrhaus, habe ich dennoch sagen müssen, wenn ich von irgendwo anrief und über die Zentrale mit meinem Vater oder mit meiner Mutter verbunden werden wollte. Die Bezeichnung Pfarrhaus hat mich immer etwas gestört, und sie schien mir auch nicht auf das Haus mit seinen großen Fenstern in den Mauern aus in der Gegend nicht üblichem Klinkerstein zu passen. Mir ist das Haus modern vorgekommen, von Pfarrhäusern aber erwartet man Altertümlichkeit, und es hat mich gewundert, wenn meine Freunde die Treppe hinaufstiegen und in wehmütigem Genuß, mit leichtem Heimweh seufzten ... Ah, diese alten Häuser. Gewiß: die Treppenstufen haben geknarrt. Aber dieses Haus hätte irgendeine sogenannte Villa vom Baujahr 1932 sein können, profan bewohnt. Da hing kein Haussegen über der Tür, den Beruf meines Vaters hat man nicht am Inventar ablesen können, außer, man stand in der Bibliothek vor der theologischen Abteilung. Heute macht es wenig aus, wenn man sagt: mein Vater ist Pfarrer. Aber als ich, in der Zeit des Nationalsozialismus, aufwuchs, brachte man sich damit Gehässigkeit ein und in Verdacht. Übrigens haben sich gewisse Vorurteile erhalten und sorgen für den bleibenden leichten haut goût.

Das war früher *unser* Haus, wir haben es dafür gehalten. Wir haben 34 Jahre lang darin gewohnt. Ein Diensthaus ist schön für junge Leute, alt werden darf man dort nicht, man darf sich nicht zu sehr eingewöhnen. Uns kam der wahre Sachverhalt abhanden. Wir sind ja auch nicht in ein bereitstehendes, von Vorgängergenerationen eingeweihtes Haus gezogen, sondern es entstand nach dem Wunsch meines Vaters. Dies war unser eigenes Haus, so empfanden wir es, so prägte es sich uns ein, dies unsere eigene Terrasse, Blick auf unseren eigenen großen Garten; wir sind es gewesen, die es dem Garten erlaubten, sein eigenes Leben zu führen, zu verwildern und andern Gärten unähnlich zu werden. Mein Vater der Hausherr, meine Mutter die Hausherrin. Ein geräumiges Haus mit unübersichtlichen Bereichen, zum Beispiel auf dem Speicher, hinter dem Schornsteinturm, wo alte Koffer und Ledertruhen unter Tüchern aufgestapelt waren, ein Speicher mit Schlupfwinkeln, den meine nun tote Tante verwaltete; zwischen Ziegeln und Dachgebälk gab es Löcher, durch die in den Winternächten ein Steinmarder eindrang; kein Förster konnte ihn fangen, und der Marder gründete seine Familie unter unserem Dach.

Das Grundstück gliedert sich in drei Terrassen. Auf der am höchsten gelegenen nördlichen steht das Haus. Der Blick aus den Südfenstern des ersten Stocks und der Mansarde umfaßt das ganze Gelände. Der untersten Terrasse, mit deren südlicher Begrenzung der Garten aufhört, liegt erst seit ein paar Jahren eine neue, häßlich bebaute Straße gegenüber. Früher war der Garten größer. Was heute als Besiedlung durch billige und schlecht proportionierte Häuser den Ausblick auf den Wald versperrt, hat zu unserem Grundstück gehört, bis hin zu einem Bach und zu einer verwahrlosten Hüttenlandschaft, einer straßen- und namenlosen Zwischengegend, deren Bewohner uns Kinder mehr interessiert haben als die gutbürgerlichen Anlieger in den ordentlichen und registrierten Straßen unseres Stadtviertels.

Auf der untersten Terrasse haben wir Obst geerntet. Im Mittelteil haben wir gespielt. Oben Tee getrunken, im Sommer Geburtstage gefeiert. Allmählich ging die Anteilnahme für den vom Haus am weitesten entfernten Teil des Gartens verloren. Es fing da unten an mit unserer Lethargie. Aber immer noch konnte man hier herumlaufen und allein sein, man konnte die von den Pächtern verlassenen angrenzenden Parzellen betreten; dort fand ich verrottete Schuppen, eingefallene Lauben, trockene Brunnen, abbröckelndes Gemäuer. In unserem letzten Sommer haben wir noch einmal Eifer aufgebracht und uns im Dickicht der Brombeerbüsche zerstochen, wir haben gepflückt, gesammelt, geerntet, dic Hitze ausgehalten wie für immer.

Der Beerenhecken, die miteinander zur dornigen Wildnis verwuchsen, wird der Nachfolger sich annehmen: ein radikaler Schritt. Mit den verkümmerten Erdbeerpflanzen, über die wir uns jahrzehntelang im Juni gebeugt haben, bis sie uns egal wurden, wird jedoch niemand mehr Glück haben. *Strawberry Fields* habe ich gesungen, als ich im letzten Spätsommer in diesem für die Rettung durch Düngemittel und für uns verlorenen Land umherstreifte, und mit *Strawberry Fields* und der Gelegenheit, allein zu sein, über irgendwas nachzudenken, hat jetzt die südlichste Terrasse des Grundstücks längst gar nichts mehr zu tun. Das ganze Grundstück und das ganze Haus haben damit gar nichts mehr zu tun. Sie werden wachgerüttelt, wiederbelebt – ein Schlußstrich unter die Dekadenz. Die Kinder des Nachfolgers wollen mit Fahrrädern überall herumfahren, sie wollen die Schaukel wieder benutzen, nicht nur zum Schaukeln, aber gar nicht zum Schläfrigwerden in veralteten Hängematten. Wie konnten wir nur die Schaukelpfosten vermorschen lassen, man muß sie aus dem Grasboden herausreißen, wie konnten wir nur die Quecken so tief eindringen lassen – der Nachfolger wird sich all dessen annehmen, und dann können die unmusikalischen Kinder, laut singend und pfeifend und sporttreibend, den Garten benutzen.

Im Mittelteil des Grundstücks haben Bäume und Gebüsch die

Grasflächen und die Kieswege immer mehr eingeengt. Die Pflanzen wachsen aufeinander zu und wollen einen Wald bilden. Von den Südfenstern des Parterre der grüne, nichts durchschauende Blick. Der Nachfolger prüft den Baumbestand, denn die Zimmer des Hauses sind ihm und seiner Familie zu dunkel. Wie sonst könnte er als eifriger Apologet des Psalms 19 dastehen, fröhlich und singend: Licht, das in die Welt gekommen, Sonne voller Glanz und Pracht. Also weg mit dem Laub und der Dämmerung durch Laub. Im Unterschied zu seinem Vorgänger im Amt, meinem Vater, kennt er keine neurotischen Bedenken gegenüber dem Fällen von Bäumen und läßt die Zuschauer, meine Eltern in der Notwohnung des Schwesternhauses, angesichts der Sakrilege erschauern, die den Garten verändern.

An jenem *Pfarrhaus* gehe ich vorbei, wenn ich meine Eltern besuche, ich sehe aber kaum hin. Trotzdem entgehen mir nicht die Korrekturen und Abweichungen. Ich weiß von dem Türschild aus Messing, das den Amtstitel und den Namen des Nachfolgers in feierlicher Fraktur verrät; wir früher, wir haben nie ein Türschild anbringen lassen, und sogar unsere Hausnummer kam abhanden, das Anonymste war uns recht. Ich nehme den grauen Briefkasten zur Kenntnis. Die Pflanzen auf den beiden rondellartigen Beeten links und rechts des Eingangs sind noch von meiner Mutter gesetzt. Ich gehe rasch weiter. Aber ich kenne das Haus zu gut, ich beschäftige mich mit dem Haus. Mir fällt die Bibliothek ein, zwei Zimmer, dunkel von Büchern. Man kann etwas Bestimmtes suchen, man kann ohne Ziel suchen und Bücher herausziehen, darin blättern, sie wieder zurückstellen, auf Entdeckungen warten. Man kann sich in dem lederbezogenen Backensessel ausstrecken und Bücherrücken ansehen, ringsum. Die Bücher sind jetzt in ein enges Asyl verbannt, jetzt kann keiner mehr finden, was er sucht. Das Weihnachtszimmer von früher. Die alten Teppiche, die alten Möbel. Angenehm war in diesem Haus auch noch die Unordnung. Überall steht etwas, das man kennt und doch im-

mer wieder gern betrachtet, Zinnsachen, altes Porzellan in der Vitrine.
Im Winter ist man gern in dieses warme große Haus zurückgekommen. Im Sommer war das Haus kühl. In seinen Stockwerken bin ich herumgelaufen, ich habe mich ausgekannt, bin aber neugierig geblieben. Türen aufmachen, Zimmer betreten, hindurchgehen, etwas wiederfinden, Zimmer verlassen, Blicke aus den Fenstern. Wenn das Haus leer war, bin ich am liebsten darin umhergewandert. Ich habe das Haus um mich herum gespürt. Ich habe, bei geöffneter Tür meines Zimmers zum Gang hin, die Geräumigkeit des Hauses und das Leben seiner Einrichtung gespürt. Dieses Zimmer, in das ich mit meinem Mann einzog, war früher das Spielzimmer. Dort, wo es jetzt zum Schlafzimmer geht, die Puppenwohnung meiner Schwester, auf der andern Seite meine eigene – nun der Platz für den Eckschrank mit Manuskripten.
Ich komme vom Imperfekt ab, ich wandere durch das Haus, ich beuge mich über die Marmorplatten vor den Fenstern, was ich sehe, kenne ich, aber es interessiert mich, es gehört zu mir, ich öffne Schranktüren und Kommodenschubladen auf der Suche nach gar nichts. Ich bin auf dem Speicher. Als ich fünfzehn war oder jünger, habe ich hier im sommerlichen Holzgeruch des Dachgebälks vor einem Spiegel Rollen einstudiert: Viola, Mary Stuart, Titania. Ich habe den Keller genauso gern, ich habe ihn vielleicht noch lieber als den Speicher, er ist dunkler, er ist weiträumiger, seine Maße entsprechen denen des darüberliegenden Parterre. Im Winter besuche ich im Pflanzenkeller die Fische, die in einer alten Zinkwanne das Schwimmen vergessen. Hier unten kann man jederzeit allein sein. Mein Vater macht mich für den Weinschrank im Weinkeller zuständig, er vertraut mir, obwohl er meine Sympathie für die Flaschen kennt. Ich ordne gern den Schrank, ich sehe nach, ich gruppiere: Rheingau, Rheinhessen, Nahe rechts, links Mosel; und dann verringert sich der Bestand, ich melde das, mein Vater findet, es sei Zeit, neue Weinsendungen zu ordern. In einem

andern Raum des Kellers, der heizbar ist und ohne Sinn Bügelzimmer heißt, sind auch Bücher zusammengepfercht: außer den Kinderbüchern alte Lexika, theologische Sachen – mein Vater will sie eines Tages sichten, ordnen, auch die pädagogischen Schriften aus dem Vermächtnis einer Tante, meine Mutter will das alles lieber verschenken – und zwischen unwichtigen Broschüren, vergessenen Romanen vergessener Autoren ist ein Fund doch immer möglich: Bierbaum, Keats, The School of Scandals – meine Mutter, die oben versucht aufzuräumen, sieht nicht so genau hin, wenn sie Bücherstöße kellerwärts schafft. Zerlesene Schmöker erinnern mich an früher, als ich, ungefähr elfjährig, von meinem sechs Jahre älteren Bruder mit Lesestoff versorgt wurde, der offiziell noch nichts für mich war und der mich daher umso mehr anzog und erst recht etwas für mich war.

Auf diesem Treppenabsatz das Eisenbahncoupé für die Puppen meiner Schwester, auf dem zweiten das meine – wenn wir in unsere erfundenen Ferien fuhren und es der Familie schwermachten, treppauf treppab an uns vorbeizukommen. In der Erinnerung an meine Kindheit ist dies ein Haus, in dem alles erlaubt und möglich war.

In unserem ehemaligen Dschungel der mittleren Grundstücksterrasse, die ich heute nicht mehr betrete, blieb dem Teich, angelegt vom Verlobten meiner Schwester, ein schattiger Platz. Später hat den Teich mein jüngster Bruder übernommen und mit seinen Fischen besiedelt. Seerosen schwammen auf der Oberfläche des Teichs, aber auch der tote Fisch Paulum. Wenn wir wissen wollten, ob es regne, haben wir auf den Teich hinuntergeschaut, und seine mulmige Oberfläche hat uns Auskunft gegeben. Im Herbst sah ich den Teich verschwinden unter der schuppigen Laubschicht, die mein Bruder mit Obstpflücker und Harke abhob, bevor er den Teich in seinem Betonbecken ohne Abfluß eimerweise für den Winter leerschöpfte, meistens nach dem ersten Frost, also etwas spät. Jede dieser Rollen, die wir in Haus und Garten besetzt haben, war uns auf den Leib geschrieben. Der Teich ist nur ein Beweisstück in einer langen Beweiskette. Wir hätten den Teich vor unserem Auszug zerstören sollen, wir hätten Farne umpflanzen sollen … und was nicht alles. Von den drei Südfenstern der Notwohnung aus sehen wir im gelichteten Versteck der Baumgrenze unseres früheren Gartens unser früheres Haus. Wir sehen die Robinie, die im Sommer zwei Zimmer grüngefärbt hat. Aber wir müssen uns weit hinausbeugen und die Hälse nach Osten drehen. Im Blickfeld, das meiner Familie jetzt zusteht, befinden sich die öden Nutzflächen des Schwesternhausgartens.

Wenn ich unvorsichtig bin, denke ich an das Haus, an den Garten, an die vielen Jahre, und Geräusche fallen mir ein, Augenblicke nageln sich in meinem Erinnern fest, spreizen sich; ich höre das Haus, ich rieche das Haus, seinen Alltag von früher, ich finde alles wieder, auch das, womit ich nicht zufrieden war, ich finde Ärger und Liebe und den stampfenden Schritt einer Tante, die längst tot ist, und die Neugier einer anderen Tante, die noch lebt, ein Radio, das zu laut ist, Schallplatten meines Bruders, die nicht laut genug sein können, den Gong, den Ruf *Essen* mit der Sopranstimme meiner Mutter, und was sonst noch vorbei ist, aber nicht vergessen wird.

Wer ist ein Christ in der Gegenwart?

„Wie kann, darf, sollte ein Mensch in unserer Zeit Christ sein?“ Zaudernd und zugleich pragmatisch duckt die Frage sich vor der prinzipiellen Entscheidung: Nehme ich das Geschenk an, das die Freiheit selber ist, den Glauben an Gott? Jedes zeitbezogene Zögern zwingt Gottes Zusage an den Menschen auf eine kläglich-bodenständige Plattform herunter, als handle es sich um eine Clubmitgliedschaft mit beliebiger Funktion. In geänderten Zeiten ändern sich zwar die Beziehungen des Menschen zu Gott – Gott aber ändert sich nicht. Im gleichfalls unveränderten Evangelium verscheucht den „Geist der Feigheit“ die unveränderliche Verkündigung. Mit Gottes Treue könnte also nur des Menschen Vertrauen konkurrieren, unbehindert von aktuellen Unschlüssigkeiten.

Trends unterworfen ist der Glaube nicht. Entweder – oder. Gab es etwa Zeiten, in denen Gott leichter verstanden werden konnte? Was ist speziell heute so fraglich an Christi Zusicherung: „In der Welt habt ihr Angst, aber seid getrost, ich habe die Welt überwunden“? Das Lesen in der Bibel verhilft zu zahllosen Imperativen gegen die uns einwohnende Angst. Insofern müßte der unermeßliche Nutzwert aufscheinen, ein Christ zu sein! Ein Christ ist jemand, in welcher Zeit auch immer, zunächst sich selber zuliebe. Denn Gott profitiert ja nicht von des Menschen Gläubigkeit, nicht er braucht uns, wir aber brauchen nichts dringender als ihn.

Voraussetzungen für solche Erfahrungen sind zuallererst Eltern, die ihrem Kind die wichtigste Empfindungsmöglichkeit seiner zukünftigen Biographie nicht vorenthalten. Kierkegaard notiert: „Der beste Beweis für die Unsterblichkeit der Seele, dafür, daß es einen Gott gibt usw., ist eigentlich der Eindruck, den man davon in seiner Kindheit empfängt, also der Beweis, ... das ist ganz sicher, denn mein Vater hat es mir gesagt.“ Die ganze Schöpfung liegt in Angst und sehnt sich nach Erlösung.

Angst hat auch der Christ. Karl Barth erinnert ihn an seine Berufung zu beten. Im Gebet, das weder „schön“ noch „fromm“ sein muß, sondern von der Angst besetzt sein darf, antizipiert der Christ seine Befreiung von der Angst, der Gottes Autorität die Grenze setzt. Jetzt dürfen wir aber nicht folgern: Aha, ein Christ zu sein, das bietet Annehmlichkeiten, ist die Idealtherapie. Zuvor müssen wir lernen, worum es sich handelt. Das Herauspicken begünstigender Zitate genügt nicht. Wir sollten uns täglich anstrengen, und unser Fleiß wird Folgen haben. Was nach innen gekehrt ist, muß nach außen treten, wirksam werden. Mutprobleme? Heute noch? Ich denke an die gefährdeten Berufsjahre meines Vaters, der im Widerstand gegen das Naziregime als Pfarrer einen christlichen Schwesternverband leitete: Das war schlimmer als nur unbequem und nicht bloß Privatsinngebung – die schöne „Sehnsucht nach Gott“: Kierkegaard –, sondern darüber hinaus christliche Praxis, Glaubenskampf in der Nächstenliebe, bespitzelt von Gegnern.

Der Christ hat deutlich umrissene Aufgaben, die ihm Jesus selber formuliert hat. Ein Alibi-Christsein, vereinfacht zur Ersatzhumanität, drückt sich vor dem Ursprung der Lehre, und der Name Gottes ist ihm peinlich. Jemand kann ein „guter Mensch“ sein, doch ist er darum noch kein Christ, dem nämlich Gott Ausgangspunkt und Ziel ist, der sich vor Gott als „unnützen Diener“ kennt, wodurch es überhaupt erst zu seinen Anstrengungen kommt. Mit todesbewußtem, ewigkeitsverlangendem Ernst probt er den Gehorsam gegenüber Gottes Geboten, lebenslänglich. Seinen engsten Umkreis überspringt er nicht. Erst aus der Freude meines Allernächsten, die ich ihm gemacht habe und die zuerst nur *seine* Freude war, entsteht meine eigene Freude: das Gleichnis vom verlorenen Sohn kann heute jeden Tag in unseren Handlungen wiederholt werden.

Ein Letztes zur Gnade, ein Christ sein zu dürfen: Wenn ich scheitere, immer wieder nicht genüge, und dann *nicht* an Gottes Vergebung glaube, dann, so Kierkegaard, „ärgere“ ich Gott. „So wie ein Vater seine Kinder liebt ...“: nachlesen! Eine schönere Liebesgeschichte ist nirgendwo zu entdecken.

Wer ist Jesus Christus?

Fragen:

1. *Ist ein vermenschlichter Jesus zwangsläufig ein entgöttlichter Christus?*
2. *Wäre ein verheirateter Jesus als christlicher Religionsstifter undenkbar gewesen?*
3. *Ist das Bild vom göttlichen Menschensohn oder menschlichen Gottessohn mit der Lust und Last des menschlichen Körpers unvereinbar?*

Diese Fragen, von eins bis drei, sind hypothetisch und eigentlich eine einzige, erweiterte Frage, gekennzeichnet vom Vermenschlichungstrend gegenüber dem Sohn Gottes. Ich würde sie mir nie stellen. Jedesmal könnte ich einfach mit Ja antworten, aber ich will das riesige Interpretationsfeld erwähnen, das wir beim Blick auf den historischen, das heißt den wirklichen Christus erkennen. Mein Respekt vor der theologischen Wissenschaft schließt mein Interesse an irgendwelchen emotionalen Amateurgedankenspielen aus.

Warum sollten wir Nichtfachleute den Erzählungen des Neuen Testaments mißtrauen? Womit hängt die Spekulationsfreude zusammen, die nach Readers-Digest-Zuschnitt in Jesus einen „Menschen wie du und ich" haben will? Zur persönlichen Entlastung? Zur Überwindung der unüberwindlichen Distanz? Aus Identifizierungsgier? Ist es nicht viel beruhigender festzustellen, daß Jesus Christus kein Mensch nach üblichem Menschenmaß war? Hilfreich käme er mir doch gar nicht vor, vielmehr enttäuschend, so ein Jesus-Jedermann. Jesus als Ehemann, womöglich als Familienvater, geschlagen mit allen dazugehörigen Widrigkeiten, mit guten und schlechten Ablenkungen, dem menschlichen Auf und Ab der Seele unterworfen: Solche Vorstellungen überbieten noch die in unserer kumpel-

haften Ära gängigen Metaphern zur Nivellierung und zur Verleugnung des qualitativen Unterschieds zwischen Mensch und Gott. (Speziell aber noch zu drei: Christus nahm ja, zum Beispiel gleichsam als Arzt, an „Lust und Last des menschlichen Körpers“ teil.)
Wäre aber all das unbewiesen Vermutete die Wahrheit, Jesus identisch mit dem gewöhnlichen sterblichen Menschen, wäre das Unbegreifliche begreiflich, das Unanschauliche anschaulich, dann hätte es keinen Kierkegaard gegeben, es gäbe kein Paradox, also, verkürzt gesagt, nicht den Glauben. „Die Heilsbotschaft fordert Glauben“ (Karl Barth). „Die direkte Kenntlichkeit ist gerade für den Götzen charakteristisch“ (Kierkegaard). Der Glaube ist kein Menschenwerk. Wäre er es, käme auch er „unter das Gesetz des Nichtswürdigen und Vergänglichen alles Irdischen“. (Karl Barth, der, unter dem Stichwort „Gottesmänner“ erwähnt, daß der heilige Franziskus „lieber war als Jesus, aber eben ein Mensch, nichts anderes als ein Mensch“).
Unter dem Joch des erbärmlichen, von Stimmungen und familiären Verpflichtungen unterdrückten Menschseins hätte doch der dann als Nur-Mensch bedauernswerte Jesus sich dabei überanstrengen müssen, in seiner kurzen Zeit auf der Erde Gottes Zusage zu lehren, denke ich; und ich denke auch, in wie viele Banalitäten die Vermenschlichung noch weiter auszudehnen wäre – zu niemandes Gewinn.

Weihnachten?

Die „Bedeutung“ ist der Anlaß, und der wird in Lukas 2, 11 unumwunden erzählt: „Und der Engel sprach zu ihnen: Euch ist heute der Heiland geboren!“ Seine Nachricht ist eine Anrede an die Hirten, und damit zeigt sie auf uns alle. Der Engel trifft keine Auswahl, fragt nicht, ob wir die Botschaft verstehen, ob wir der vorangegangenen Verheißung getraut haben, ob wir gut oder böse oder fromm oder abweisend sind – vielmehr ist jeder in diese Geschichte involviert.

Bei Karl Barth lese ich den Vergleich des Gottesgeschenks mit den weihnachtlichen Gaben des weltlichen Vaters: Beide bevorzugen keinen, bei ihnen gilt keiner als der Erste oder der Letzte. Und ich muß an meinen Vater denken, an seine Güte und Liebe, die mir schon in meiner Kindheit zum Verwechseln ähnlich mit den göttlichen Praktiken vorkamen.

Aber mit Gottes Sohn als Baby habe ich Probleme, meine kindliche Gedankenlosigkeit ging selbstverständlich verloren, und ich denke ohne die Souveränität des verkündenden Engels beispielsweise über das zum Konsumrauschfest heruntergewirtschaftete Weihnachten nach. Von mir aus könnte es offiziell ausfallen, damit nicht Leute mitmachen, die christliche Feiertage nur noch zu Kurzurlauben und kitschigem Jux nutzen oder Christi Geburt auf sentimentale Weihnachtserinnerungen reduzieren, im Kerzenschimmer, unter dem man heutzutage in jedem Restaurant das ganze Jahr über leiden kann. Doch sobald ich grimmig werde, sollte ich schleunigst mir den Lukas-Engel vorhalten, den es nicht kümmerte, wer ihm glaubte und wer ihm dies verweigerte. Und Gott selber sind unsere Mißbräuche sowieso egal.

Wie mit der Angst umgehen?

Fragen:

1. *Wovor haben Sie Angst und warum?*
2. *Was tun Sie gegen ihre Angst?*

Antworten:

1. „In der Welt habt ihr Angst …"
2. „Aber seid getrost, ich habe die Welt überwunden." (Joh 16, 33).

2. Suchbewegungen

Endlich bricht der Tränenkrug

Stichworte bei meiner Lektüre

Mein Schreibtisch ist unaufgeräumt, aber dabei bleibt es. Ich kann mit den Seiten der aufgeklappten Bücher nicht verfahren wie mit Zeitungsseiten: aus denen schneide ich, was mir jederzeit zur Verfügung stehen soll und daher an die Wand dem Schreibtisch gegenüber gepinnt oder geklebt wird. Also auch eine unordentliche Wand, die zuwächst, zum Beispiel mit Zeilen: „Genug ist nie genug" (C. F. Meyer) und Plinius: „Der Mensch weiß aus sich selbst heraus nur eine Sache zu tun: zu weinen."

Und dann lese ich wieder auf meinem aufs Beste chaotischen Schreibtisch herum, ich lese bei Kierkegaard: „Durch die Frau kommt die Idealität ins Leben; was ist der Mann ohne sie? Manch ein Mann ist durch ein Mädchen Genie geworden, mancher Mann ist durch ein Mädchen Heiliger geworden –; aber er wurde nicht Genie durch das Mädchen, das er bekam, denn durch sie wurde er nur Etatsrat. Er wurde nicht Held durch das Mädchen, das er bekam; durch sie wurde er nur General. Er wurde nicht Dichter durch das Mädchen, das er bekam: denn durch sie wurde er nur Vater. Er wurde nicht Heiliger durch das Mädchen, das er bekam; denn er bekam gar keines und wollte nur eine einzige haben, die er nicht bekam, ebenso wie jeder von den anderen Genie wurde, Held wurde, Dichter wurde mit Hilfe des Mädchens, das sie nicht bekamen … Oder hat man schon jemals gehört, daß einer Dichter wurde durch seine Frau? So lang der Mann sie nicht hat, begeistert sie. Diese Wahrheit ist es, die der Einbildung der

Poesie und der Frau zugrunde liegt." So macht der Melancholiker Kierkegaard mich weiter melancholisch und er hat recht; ein Melancholiker liebt seine Melancholie und deshalb wird er sie nie loswerden.

Weiter mit meinem hochgeschätzten Melancholiker; ich bin jetzt bei der „Verzweiflung als Krankheit zum Tode". „Ist Verzweiflung ein Vorzug oder ein Mangel?" Ich fürchte, für mich muß ich die positive Seite dieser Dialektik, den Vorzug, anzweifeln. Ich sage lieber *Ja* zu den Zeilen: „... und doch ist es nicht nur das größte Unglück und Elend, verzweifelt zu sein, nein, es ist Verlorenheit ... Verzweiflung ist das Mißverhältnis im Verhältnis einer Synthese, das sich zu sich selbst verhält ... Wäre die Verzweiflung gar nicht da, so würde die Verzweiflung etwas sein, das in der Menschennatur als solcher läge, das heißt, so wäre es keine Verzweiflung; sie würde etwas sein, das dem Menschen widerführe, etwas, woran er litte, wie an einer Krankheit ... oder wie der Tod, der das Los aller ist. Nein, das Verzweifeln liegt im Menschen selbst ... jeder wirkliche Augenblick der Verzweiflung ist auf die Möglichkeit zurückzubeziehen, jeden Augenblick, da er verzweifelt ist, *zieht er sie sich zu* ..."
Und später, zum Begriff der Hoffnungslosigkeit gelangt: „Wenn der Tod die größte Gefahr ist, hofft man auf das Leben; wenn man aber die noch schrecklichere Gefahr kennenlernt, hofft man auf den Tod. Wenn also die Gefahr so groß ist, daß der Tod die Hoffnung geworden ist, dann ist die Verzweiflung die Hoffnungslosigkeit, nicht einmal sterben zu können. In dieser letzten Beziehung ist nun die Verzweiflung die Krankheit zum Tode, dieser qualvolle Widerspruch, diese Krankheit im Selbst, ewig zu sterben, zu sterben, und doch nicht zu sterben, den Tod zu sterben. Denn sterben bedeutet, daß es vorbei ist ..."
Ich lese vom Aufreizenden und vom kalten Brand in der Verzweiflung und von dem Nagenden, „dessen Bewegung ständig

nach innen geht ... Es ist so gar kein Trost für den Verzweifelten, daß die Verzweiflung ihn nicht verzehrt ... dieser Trost ist gerade Qual ...“
Aber das Wort *Trost* bringt mich in der Schreibtischwüste weiter, zur aufgeschlagenen, griff-lesebereiten und ganz vergilbten *Trost-Aria* des nostalgischen Barocklyrikers Johann Christian Günther:

Endlich bleibt nicht ewig aus
Endlich wird der Trost erscheinen
Endlich grüßt der Hoffnungsstrauß
Endlich hört man auf zu weinen
Endlich bricht der Tränenkrug
Endlich spricht der Tod: Genug!

Endlich wird aus Wasser Wein
Endlich kommt die rechte Stunde
Endlich fällt der Kerker ein
Endlich heilt die tiefste Wunde
Endlich macht die Sklaverei
Den gefangnen Joseph frei.

Endlich, endlich kann der Neid
Endlich auch Herodes sterben
Endlich Davids Hirtenkind
Seinen Saum in Purpur färben
Endlich macht die Zeit den Saul
Zur Verfolgung schwach und faul.

Endlich nimmt der Lebenslauf
Unsers Elends auch ein Ende
Endlich steht ein Heiland auf
Der das Joch der Knechtschaft wende
Endlich machen 40 Jahr
Die Verheißung zeitig wahr.

Endlich blüht die Aloë
Endlich trägt der Palmbaum Früchte
Endlich schwindet Furcht und Weh
Endlich wird der Schmerz zunichte
Endlich sieht man Freudental
Endlich, endlich kommt einmal.

Dazu schweigt mein für diesmal einsichtiger Kommentarverstand: schöner, sehr trauriger Trost, der mir die Sprache nimmt. Der geht es genauso mit den heimweh- und meersüchtigen Sätzen von Henri Michaux, mir gegenüber an der Wand: „Eines weiß ich, eines ist mein: Das ist das grenzenlose Meer ..." Seemann habe er werden wollen im Glauben, „auf einem Schiff müßte man nur das Meer betrachten, unaufhörlich würde man das Meer betrachten." Was für erstaunlich zufriedenmachende, affirmative Wunsch- und Emotionsverwandtschaften entdeckt man beim Lesen doch (in Glücksfällen): auch ich, ich hier, möchte unaufhörlich das Meer betrachten, und ich empfinde wie Michaux, der den Seemannsabschied macht: „... ich sagte nichts, ich hatte das Meer in mir, das Meer für alle Ewigkeit um mich herum. Was für ein Meer? Dies deutlich zu machen, wäre mir wohl schwergefallen." Einen anderen Michaux-Satz nehme ich auch ganz habgierig für mich in Anspruch und in Besitz: „Wenn mir nichts wehtut zwischen zwei Leiden, dann lebe ich, als lebte ich nicht."

Hat jemals einer gedacht, Ionesco sei ein Absurditäts-Kaspar? Ionesco ist ein trauriger Mann. Man sollte sein Tagebuch lesen.
Ionesco offenbart sein unheilbares Erschrecken: „Man weiß nichts, außer daß der Tod da ist und meiner Mutter, meiner Familie und mir auflauert." „Die Zeit entdecken, heißt die Vergänglichkeit empfinden." „Alle die sterben, sind Bekannte."

Wenn die tiefenpsychologische These stimmt, daß jede Angst ein unterdrückter Wunsch sei, so ist die Angst vor dem Tode der unterdrückte Todeswunsch; ich finde ihn auf jeder Seite, geäußert als Angst und als Angst erkannt von Ionesco, dem von Todesgedanken Umzingelten. Ich finde immer wieder: „Die Ahnung vom Ende“ und auch das unüberwindliche, damit vernietete *Warum* und die Aporien seiner Beantwortung: „Die Nicht-Antwort ist die beste Antwort.“ So finde ich dauernd also eigentlich mich selber, und das will ich beim Lesen vielleicht möglichst immer.

Ich habe, vor dieser Tagebuch-Lektüre, darüber nachgedacht, inwieweit Gleichgültigkeit ein lebensdienliches, ein das Leben erleichterndes Phänomen sein müsse und demnach wünschenswert; nicht unbedingt leben wollen, nicht unbedingt sterben wollen, überhaupt nichts unbedingt wollen, und keinen so gern haben müssen, daß er ein Verlust werden kann, daß also seine Existenz, weil ich sie brauche, mir Angst macht, weil ich sie verlieren werde. In einem solchen gewiß stumpfsinnigen Zustand würde man wenigstens nicht mehr sagen müssen: „Leben ist Unglück.“

Joyce-Fans und Bibliophile sind bereichert um eine späte Veröffentlichung: 27 Jahre nach dem Tod des Prosa-Pioniers erscheint, zweisprachig, im Schuber und mit dem Faksimile der 16 großformatigen Schulheftseiten, das Tagebuch „Giacomo Joyce“; Notizen über eine Liebe aus den kargen Triestiner Jahren. Liebe des Englisch unterrichtenden James (der sich zum Giacomo südwärts ironisierte) zu seiner Schülerin Amalia („... duftlose Blume ... sanftes Wesen“). Eine Hinterlassenschaft aus Epiphanien, Warnzeichen, die das Bewußtsein erhellten, Subtilisierungen: „Dies Herz ist wund und weh. Aus Liebesgründen verstimmt.“

Aber das sprödere, lakonischere Englisch zeigt wieder dem zungenschweren Deutschen gegenüber seine besseren Chancen beim Aussparen und Andeuten: „A touch, a touch ...“ –

wie viel sagt das. „Berühren, berühren“, übersetzt Klaus Reichert – „anfassen“ wäre mir, aus Vorsichtsgründen, lieber gewesen. Joyce kann seine Minimum-Vermerke mitten im Schwebezustand beschweren: „Do not die!“ Oder die Federgewichtigkeit zurückbringen in einen Moment der Trauer, mit dem scheinbaren, in Wahrheit triftigen Ulk-Flehen: „Envoy: Love me, love my umbrella!“

Schmerzliches Fazit: „Das junge Leben hat ein End: das Ende ist da. Es kann nie sein. Du weißt das wohl. Was also? Schreib's auf, verdammt, du, schreib's auf! Wozu taugst du denn sonst?“

Damit bin ich zurückgekommen, bin beim Anfang mit Kierkegaard: „Diese Wahrheit ist es, die der Einbildung der Poesie und der Frau zugrunde liegt.“ Traurige, traurigste Wahrheit.

Damit es aber hier nicht nur traurig zugeht, durchblättere ich, was Carl Brinitzer an Äußerungen berühmter Leute übers Essen gesammelt hat. So beobachtete Plautus, was jeder heute noch in jedem Restaurant beobachten kann: „Niemand wirkt so komisch wie jemand, der Hunger hat.“ Ich erfahre, daß ein Mann mit 60 drei Jahre seines Lebens mit Essen zugebracht hat und daß sich bei Nietzsche der Hunger oft erst nach der Mahlzeit einstellte, sicher vornehmlich nach Mahlzeiten aus der deutschen Küche: „... was hat sie nicht alles auf dem Gewissen; die Entartung der Mehlspeise zum Briefbeschwerer ... geradezu viehische Nachgußbedürfnisse – so versteht man die Herkunft des deutschen Geistes – aus betrübten Eingeweiden – der deutsche Geist ist eine Indigestion, er wird mit nichts fertig.“ Was nun doch wieder nicht sehr fröhlich stimmt. Für meine letzten Worte hier leihe ich mir die vorletzten von Maxim Gorki: „Die Gegenstände werden schwer. Die Bücher. Der Bleistift. Das Glas. Alles scheint immer kleiner zu werden.“ Aber mein Schreibtisch und die Wand ihm gegenüber – die sind viel dichter besiedelt, als es jetzt erscheinen könnte. Und ich räume nicht auf und ich pinne nicht ab und ich reiße nicht herunter.

Martin Luther

„Man lebt und weiß den Tod. Alles andere ist Beschäftigungstherapie.“
Mit dieser Diagnose von James Joyce sorge ich für eine innere Balance. Pessimistisch in einem hoffnungsleeren Sinn komme ich mir dabei gar nicht vor, im Gegenteil. Ich erkenne die maximale Voraussetzung, durch die ich ja erst angetrieben bin, mich zu demjenigen Beschäftigungsanteil an meinem Leben aufzuraffen, der todesbewußt und nicht mutlos auf die Möglichkeiten nach den Abschieden vom Vergänglichen setzt. Paulus, im Römerbrief, scheint aus der Joyceschen Feststellung die Konsequenz zu ziehen: „Denn sofern ihr nach dem Fleische lebt, geht ihr dem Sterben, sofern ihr aber durch den Geist den Betrieb des Leibes sterben laßt, dem Leben entgegen.“
Jede hiesige menschliche Möglichkeit ist vom Tod her definiert. Manchmal sind mein Verstand und meine Phantasie so schwunglos, daß ich den Wunsch zu glauben mir genügen lassen muß; daß ich die Sehnsucht, auf gar keinen Fall nicht zu glauben, mit dem Glauben selber verwechseln kann. Dann nützen schon einfach die Satzgefüge und die Wörter Wort für Wort, mit denen mir nur Martin Luther und kein anderer Bibelübersetzer die vorher grundsätzlich unanschauliche Göttlichkeit Gottes qualifiziert und inszeniert.
Zum Beispiel im dritten Kapitel des Römerbriefs steckt so ein Anti-Verweslichkeitsmittel, ich fühle mich untergebracht, wortwörtlich fühle ich zwischen mir und dem in Unendlichkeit aufgehobenen Diesseits die einzige mögliche Verbindung, eine geheime und geheimnisvolle Konferenzschaltung zu dem hin, was bei Paulus, bei Luther, „Kleinod“ heißt; da steht: „Meine Brüder, ich schätze mich selbst noch nicht, daß ich's ergriffen habe. Eines aber sage ich: Ich vergesse, was da hinten ist, und strecke mich zu dem, das da vorne ist, und jage – nach dem vorgesteckten Ziel – nach dem Kleinod, welches vorhält die himmlische Berufung Gottes in Christo Jesu.“

Drei Bibeln liegen mittlerweile aufgeschlagen um mich herum, nun suche ich in der Zwergformatausgabe des Neuen Testaments nach wieder einer anderen Lieblingsstelle, nach mir selber in meinen Hotelzimmer-Erinnerungen, bei Stichproben in der Bibel: ich wohne in Zimmer Nummer 159 und schaue auf der Seite 159 nach, und so bin ich drauf aus, die bloß geschäftigen Überstunden nun aber vor dem Schlafengehen doch noch wettzumachen – womit eigentlich genau? Ich treffe auf die tief schwarz gedruckten Kernsätze, auf meine eigenen Kreuzchen und Striche, und finde meine vergangenen Gemütsbewegungen und sogar Schauplätze und doch immer noch nicht die Passage, nach der mir jetzt zumute ist, nach einer zornigen Ermahnung des Apostels Paulus; ich weiß jetzt nicht genau die Adressaten dieser bestimmten Epistel gegen „Schmausereien und Saufgelage“.

Früher hätte ich meinen Vater gefragt und für mich beschäftigt. Er wäre so bereitwillig und so zuverlässig an diese Ermittlungsarbeit gegangen und so schnell fündig geworden, daß er sie mir zuliebe ausgebaut hätte. Heutzutage prüft ein Freund für mich im griechischen Original nach, ob mit „Erfahrung“ oder mit „Bewährung“ Martin Luther dem Original näher kam, und gestern ging es mir auch nicht besser, als ich mich in der riesigen Luther-Bibel aus dem Jahr 1662 festlas, umgeben von der vielsagenden Stille in der Bibliothek meines Vaters.

Denn in der Bibel auf diese Weise lesen, nämlich fahndend, vor- und zurückblätternd, das bedeutet für mich immer, daß ich mich in ein geistiges Gebiet der extremsten Anziehungskraft versetzt fühle. Daß ich nachdrücklicher als bei jeder anderen Lektüre die Notwendigkeit empfinde, jetzt nicht aufzuhören, jetzt eine Erfahrung zu machen, weiterzulesen …

Es ist nur für mich selber und für mein Fortkommen im Bewußtsein an diesem Tag von Nutzen, daß ich nun auch noch Karl Barths „Römerbrief“ zwischen den überall mit Hinweiszettelchen versorgten Bibeln aufgeschlagen habe, fast egal, an welcher Stelle aufgeschlagen. Die Bibeln, so bepflastert, sehen allmählich wie über die Toppen beflaggte Schiffe aus. „... ihm nachzujagen ... dem vorgesteckten Ziel ..." Das entspricht meinem leitmotivischen Gefühl. Es ist, in einer merkwürdigen Mischung, epigonal und pionierhaft in einem.

Wie oft versuchen meine Protagonisten das: sich mit der Zugkräftigkeit biblischer Luther-Sätze aus trüber leerer Geducktheit ihrer Diesseitigkeitssackgassen in Himmelsnähe zu katapultieren, kurzfristig – und, für mich selber, dann wieder wie für immer und zu tief versteckt. In welchem Roman habe ich den 42. Psalm zu Hilfe gerufen? Ich habe ihn nur stückweise (wieder eine Martin-Luther-Vokabel: stückweise) zitiert, und ich habe auch „Es ist nur ein Schritt zwischen mir und dem Tode" als Ausdruck eines Grundgefühls in einer Collage der Ängste und der Gegenmaßnahmen verwendet.

Mir fällt hier Kierkegaards Skepsis gegenüber Mitwissern, gegen das Anvertrauen ein, und seine Befürwortung der Verschlossenheit. Sein Herz ausschütten bei sich selber. Als jemand, der schreibt, könnte man angesichts der literarischen Ergiebigkeit der Bibel ja fast verzagen. Als Angebot für unsere menschliche Phantasie ist die Bibel ohnehin nicht zu übertreffen.

Ich blättere mich aus den Psalmen – zum Verzicht entschlossen, entmutigt vom Rudimentären – zu den Propheten: Entscheidungsnot auch hier. Ich löse ein wichtiges Stück aus dem Ganzen und zitiere Jesaja, Vers 43, 1: „Fürchte dich nicht, denn ich habe dich erlöset; ich habe dich bei deinem Namen gerufen: du bist mein."

Für mich, die der leichten Unerlaubtheit solcher Zusammenhangszersplitterung eingedenk ist – ich weiß, daß die Erlösung, von der Jesaja spricht, etwas mit Lösegeld zu tun hat, und ich fühle mich doch zum übertragenen Sinn zugelassen – für mich bleibt der Satz ein gebetartiges Zuspruchssignal, das äußerste freundliche Hilfsangebot. Er ist, autobiographisch gesehen, für mich auch zugleich Trauspruch (mein eigener, ausgesucht von meinem Vater) und Grabinschrift (meines Vaters; wir, seine übriggebliebene Familie, wir waren ohne viel Wortwechsel dafür, wie für die erste und einfachste Lösung, und trafen diese Wahl sofort), und ich grüble bei dieser Kombination keiner Symbolik hinterher. Lebend, sterbend, jederzeit und für jeden: die Einladung des Jesaja ist von höchstem Nutzwert.

Aussagen wie diese, die hat man ganz von selbst gern, mit oder ohne Verstand. Sie finden die Seele auf direktem Weg, ähneln einem Wundermittel und sind ebenso schwer wie diese zu analysieren. Heute mehr, morgen weniger wirken sie aufs Gemüt, übermorgen spielt die Vernunft mit, gestern hat einfach die Sprache selber genügt: so ungefähr geht es damit zu. Ja, viel Wirkstoffanteil, glaube ich, geht auf die Sprache zurück. Sie ist in sich beweiskräftig.

Mir ist klar, immer weiter ist mir klar, daß die menschenfreundliche, dem Himmel zugewandte Aufforderung dem Zusammenhang immanent ist, aus dem ich sie trenne – aus einer ganz konkreten Verfolgungsgeschichte bei Jesaja; natürlich hantiere ich mit diesem Text unwissenschaftlich, und doch bin ich wie freigesprochen, wenn ich ihn für die erlösungssüchtige Seele, aus meiner historischen Ferne, verwende.

Eigentlich frage ich mich nicht, ob ich so mit den biblischen Geschichten umgehen darf. Ich fühle vielmehr in den religiösen Bedingungen eine große, Freiheit ermöglichende Erlaubnis. Der liebe Gott, den ich als Kind kennenlernte, war von Anfang an wahrhaftig ein *lieber* Gott, und wieder ist mein Vater im Spiel, und dieser Gott ist *lieb* geblieben, auch wenn ich ihn heutzutage in den Anrufungen des David als einen Gott des Grimms und des Zorns genießen kann.

Es ist so, als entscheide am allermeisten, daß ich überhaupt Anziehungskraft und Sehnsucht an mich heranlasse. Ist man gläubig, wenn man unbedingt nicht ungläubig sein will? Wenn man es nicht erträgt, nicht zu glauben? „Fürchte dich nicht …"

Mir genügt die ruhige, sanftmütige, zuversichtmachende Beeinflussung, der ausgezeichnete Vorschlag. Ich ziehe einen

Gewinn aus einem festen Versprechen. Ich bin gemeint. Beim Namen gerufen. Ich darf, wenn ich nur kann – und das heißt, wenn ich glauben kann, weil ich ja nicht leben kann und nicht glauben zugleich –, das gutgelernte Fürchten verlernen. Das Zutrauen üben, dazu lädt Jesaja mich ein, und verlassen bin ich nicht, darauf ist Verlaß. *Sein* bin ich. Genau kann ich nicht wissen, woher die hohe Glaub-Würdigkeit dieser Sätze stammt.

Die Grundkondition meines tagtäglichen Fortkommens in der Welt, dieses winzigen Augenblicks *Jetzt* vor der Unendlichkeit, wird so bestimmt. Und auch und ebenso an viel mehr biblischen Orten, als ich aufzählen könnte. „Denn wir haben hier keine bleibende Stadt, sondern die zukünftige suchen wir." Dieser Satz in Kapitel 13, Vers 14 des Hebräerbriefs – Neues Testament – drückt mein prinzipielles Lebensgefühl aus. Auf dieser Basis, und wahrhaftig nur auf dieser, kann ich im Zustand meines Existierens die Öffnung in eine Zukunft erblicken. Ich erkenne eine Richtung. Sie wird durch das Suchen aber erst geschaffen. Das Suchen ist ein Hoffen. So nur, spüre ich, kann gelebt werden, in der Umzingelung von Widersprüchen, die uns leer und ratlos machen. Ohne Hoffen, auf den erklärenden, todüberwindenden Bewußtseinsmoment, kann ich nicht aufwachen und nicht einschlafen.

Kann ich mir die „zukünftige Stadt" vorstellen? Das kann ich nicht, und doch stimulieren mich Bilder aus Luthers Wortschatz: die „lieblichen Wohnungen". „Meine Seele verlangt und sehnt sich nach den Vorhöfen des Herrn." Die Getriebenheit des Menschen, Gott zu finden, also das Hoffen, Glauben, Lieben, also die Suche nach den Vorhöfen und der zukünftigen Stadt und der leichte Abschied von jeder bleibenden Stadt, diese gottesbedürftige Obsession erklärt den „Heiligen Geist".

Was aber stört mich, schon wenn ich vom Erklären auch nur spreche? Alles Hinzugefügte, alles Zugänglichgemachte und

alles Bequemere, das von Martin Luthers Nachfolgern, eigentlich Einebnern, angestrebt wird und auf mehr Laufkundschaft abzielt, das kommt mir grundsätzlich überflüssig vor. Der Eindruck des Unebenbürtigen irritiert.
Die Bibel, in Luthers Übersetzung, ist ernst und streng und widerspenstig, und ich meine, sie sollte so bleiben. Ich erfreue mich an den oftmals fast kalten, rechnerischen Ausdrucksweisen. Ich liebe Luthers *Denn*-Sätze, die Reihungen und Abfolgen in einer nicht auf glättende Annehmlichkeit abzielenden Grammatik.
„Denn wir haben hier keine bleibende Stadt, sondern die zukünftige suchen wir." Das klingt wie eine Verordnung, tilgt alles Feilschen um *wenn* und *aber*, gleicht einem Bescheid, höchst amtlich. Präziser und einsilbiger geht es nicht. Mit dieser unabweisbaren Verfügung finde ich aus der üblichen Ungeduld, der geistlosen Mißgestimmtheit, die oft der erste schlechte Einfall und die Rettung aus der gewöhnlichen Gewissensverzweiflung ist.
Und warum ist mir die Bibel an ihren zurechtrüttelnden Stellen am liebsten? „Denn das Reich Gottes ist nicht Essen und Trinken, sondern ..." Ja, sondern Gerechtigkeit, um die es immer wieder geht, wie um die anzustrebenden, einfach ja nur scheinenden Tugenden der Freundlichkeit, der Güte, Nachsicht, der Geduld. Alle einzusammeln unter den Oberbegriff der Liebe, „... nicht Essen und Trinken und Deckenstikken ...", die Syntax hat mich eben an die Mao-Bibel erinnert, und beim Oberbegriff Liebe mußte ich an einen gescheiten, international renommierten alten Wissenschaftler denken, der neulich in einem Interview seinen maximehaften Schiedsspruch sagte: „Was der Liebe nicht standhält, ist falsch."
Weil aber allzu oft die übliche Menschenschwäche uns darin behindert, mit dieser Art der Liebe, Nächstenliebe, völlig ernstzumachen, und weil wir uns nur dumpf schuldbewußt dann quälen, gilt, für solche Seelennotzeiten, das Flehen des Paulus: „O Herr, erlöse mich von dem Leibe dieses Todes."

Oder so: ich willige in die Paradoxien der unbescheidensten Bescheidenheit ein und lese im Philipper-Brief:
„Unser Wandel aber ist im Himmel, von dannen wir auch warten des Heilands Jesu Christi, des Herrn, welcher unsern nichtigen Leib verklären wird, daß er ähnlich werde seinem verklärten Leibe nach der Wirkung, mit der er kann auch alle Dinge sich untertänig machen."
Vielleicht ist es gut, daß ich nicht Theologie studiert habe und, wie mein Vater es tat, predige, gut für die Gemeinde, denn ich hätte mich nicht, ihn nachahmend, für die sanfteren Zusicherungen von der Kanzel aus entschieden. Er aber verkündete die väterliche Freundlichkeit Gottes und war mit dieser Entscheidung freundlich zu Leuten, die selten einen wirklich freundlichen Gedanken an Gott verschwenden. Ich höre meinen Vater jetzt sprechen, weil ich jetzt im vierten Kapitel des Philipper-Briefs, Vers 4 lese:
„Freuet euch in dem Herrn allewege! Und abermals sage ich: Freuet euch! Eure Lindigkeit lasset kund sein allen Menschen! Der Herr ist nahe! Sorget nichts! Sondern in allen Dingen lasset eure Bitten im Gebet und Flehen mit Danksagung vor Gott kund werden. Und der Friede Gottes, welcher höher ist denn alle Vernunft, bewahre eure Herzen und Sinne in Christo Jesu!"
Daß mir mein Vater, der beide Arme beim Beginn des Schlußsatzes hob, mein Vater im schwarzen Talar und meine Zuschauerstimmung so gegenwärtig werden, das, denke ich in diesem Augenblick zum ersten Mal, und daß also schon Verklärung, Auferstehung, Erlösung vom Leibe des Todes bewiesen sind, das muß mit seinem Beruf zu tun haben, und es fällt mir plötzlich leicht, die Ermahnung an die Kolosser anzunehmen und nicht nach dem zu trachten, was auf Erden ist.

Die Selbstverständlichkeit des Unzeitgemäßen

Eine Vorbemerkung: Wenn von „der" Kirche die Rede ist, vermisse ich die Differenzierung. „Das Verachtete hat Gott erwählet" ich spreche von meiner, der evangelischen Kirche, die Kierkegaard, indem er sich auf Luther berief, so nannte: „Die wahre Kirche ist eine verachtete kleine Schar – der Papst und all das ist nicht die wahre Kirche."

Aber das Thema will auf Allgemeines hinaus, und die ihm einwohnende Frage interessiert sich für meinen „Traum" von Kirche, für meine Novellierungsideen in Sachen Christentum und ist damit schon zu schwärmerisch erstens für Detailgenauigkeiten und zweitens für meinen Geschmack.

Mein Einwand ist grundsätzlich: Träumen, bloß träumen, von Kirche und Christentum, bleibt vergeblich. Für den Christen begänne hier schon sein Fehlermachen, er würde sich vor jedem Fleiß drücken, erläge der nach Čechov gemeinsten Faulheit, derjenigen im Denken, und er selber wäre nur einer, der von sich als einem Christen wiederum träumte. Von Kirche und Christentum aber lediglich vor sich hinzuträumen, entfernt weit von der Lehre, die ja fixiert und erlernbar und kein Traummaterial ist. Luther sagt: „Christ ist man, indem man immer danach verlangt, einer zu werden." In solchem Verlangen, das einem Prozeß und Werdegang gleichkommt, lebenslänglich, bewegen sich mehr Vitalität und Anstrengung als im Träumen.

Auch Pascals und Kierkegaards schöne, einander ähnliche Behauptungen schließen Dringlichkeit ein, und Aktivität ist ihnen immanent, sie laufen auf folgendes existentielle Programm hinaus: Gottes zu bedürfen, macht des Menschen Vollkommenheit aus. Und Karl Barth läßt den Menschen erst dadurch menschlich werden, daß er sich nach der Heiligen Schrift sehnt. Wenn sich aus dem Träumen nicht ein Aufraffen entwickelt, wird es folgenlos bleiben.

Zu solchem Aufraffen, denn das ist ihr Auftrag, zu solchem Schwung über die Träumerei hinaus, soll die Kirche dem Menschen verhelfen. Konkret ist ihr Verkündigungsauftrag. Erneuert werden muß er nicht. Konkret und ebenfalls kein verschwommen-abstraktes Phantasiegebilde ist das Christentum, wenngleich die Lektüre vom Alten und Neuen Testament der Phantasie die besten, die über unseren angstbesetzten, konfliktbeladenen, schuldverstrickten und unverständlichen Erdenalltag hinausweisenden, alle Kläglichkeit tilgenden Einladungen zusichert.

Gott, dessen „Frohe Botschaft" die Bibel an uns weitergibt, ist zwar der Gott des Verborgenen und dennoch nie und nimmer der Gott gemächlicher Verträumtheiten, zurechtgemacht vom menschlichen Belieben. Gott spricht zu uns durch die Heilige Schrift, und die Kirche ist der Vermittlungsort. Für wen? Für diejenigen, die nach Luther ständig Christ werden wollen. Ergeben Christen dieser immer strebenden Bemühung dann nicht Christenheit, Christentum? Wieso sollten wir eine neue Version brauchen?

Ich kann mir keine vorstellen. In endloser Geduldsarbeit und kompromißlos müßte das ganze Kirchenjahr hindurch Gottes Wort gepredigt und gehört werden. Kierkegaard hält nichts davon, die Lehre objektiv zu machen, „so objektiv, daß sie keinen einzigen Menschen wirklich angeht" – die Folge sei „leeres Geschwätz".

Predigen ist „... das Dasein des Predigers; was mein Dasein ausdrückt, ist meine Predigt. Aber mein Dasein ist mein Subjektives." Ich muß an die Predigten meines Vaters denken: Sie haben sein empfindsames, gütiges, gewiß nicht unkritisches, unzweiflerisches Wesen ausgedrückt, waren jedoch völlig frei von den gegenwärtig üblich gewordenen Abschweifungen der Pfarrer in eine törichte modernistische Metaphernsprache, die sich beliebt machen will, indem sie sich vor der Ernsthaftigkeit und dem Geist der Bibel geniert.

Stichwort: Verkündigung. Eine größere, wichtigere Liebestat

als Gottes Zusage an den Menschen fällt mir wahrhaftig nicht ein. Und allein die Kirche kann von der verheißenen Erlösung sprechen – sie mag sich zwar auch um Tagespolitik kümmern, um Schulen, Kindergärten, Altersheime, Krankenhäuser und andere menschliche Einrichtungen da und dort, das aber kann, mehr oder weniger gut, der Staat auch. Für die Begriffe Erlösung, Ewigkeit, Unsterblichkeit der Seele – was so viel heißt wie: Gott gibt es – sollte die Kirche sich nicht entschuldigen, so als wäre ihr das einzig ihr vorbehaltene Tätigkeitsfeld und sogar schon das Vokabular ein wenig peinlich, als komme sie dem Atomzeitaltermenschen damit etwas antiquiert, lächerlich vor – lächerlich macht sie sich mit solcherart Verlegenheiten. Gott kann nicht unzeitgemäß werden. Gott hat es nicht nötig, renoviert, modernisiert, den Menschen anbiedernd angepaßt zu werden. Zugegeben sei die Selbstverständlichkeit des Unzeitgemäßen in Erzählweise, Machart, Inhalt von Texten, Texten der Bibel. Mich allerdings erfüllt gerade diese Verborgenheit der Rede von dem Gott des Verborgenen, dessen Existenz und Einwirken im philosophischen Verständnis nicht verstanden werden kann, mit dem Trostgefühl gemäß Hebräer 11, 1: „Es ist aber der Glaube eine gewisse Zuversicht des, das man hofft, und ein Nichtzweifeln an dem, das man nicht sieht." Die Angst, verloren zu sein, muß sich mit der Leidenschaft des Glaubens treffen: Dann fragt sich nämlich, was in den Geschichten, Briefen, Psalmen der Evangelisten, Apostel und Propheten nicht zu verstehen ist. Was ist unverständlich an Christi Lehre? An Gottes Geboten?

Das Zitieren meiner Lieblingsstellen in der Bibel würde ins Uferlose führen. Vorausgesetzt den Glauben, auch die leidenschaftliche Glaubensabsicht, Luthers tägliches Verlangen, Pascals und Kierkegaards Gottesbedürfnis, ist jede Zeile nur zu gut zu verstehen. Christentum, das ist die auf Jesus Christus, sein Leben und seine Lehre gegründete Weltreligion. Danach zu fragen, ob wir eine neue Lehre brauchten und was wir dann brauchten, wäre nicht länger „Christentum".

Nicht in jedem Augenblick meines Erdenalltags allerdings kann ich das vorhin erklärte Verstehen kombinieren mit der Zuversicht, die es verströmen müßte zu meiner eigenen Rettung aus diffus-gestörten Gemütslagen. Was hilft denn aber dann, außer: wiederum meine Bemühung. Wer unterstützt bei dieser Bemühung den, der sich nicht aus eigener Kraft in die Lektüre der Werke bedeutender Theologen vertiefen kann, den, der es nicht gewöhnt ist, in der Bibel zu lesen, den, der sich allein damit nicht auskennt? Den unterstützt die Kirche. Die Predigt dort.

Die Kirche, diesmal als Gebäude, von Menschen errichtet, oft hilft sie schon von außen. Erst recht im Innern. Selbst wenn sie mich einfach stumm umgibt. Ich bin unterwegs, ich gehe durch eine fremde Stadt, hastig, nervös, unbehaglich, ziellos. Was am besten für mich ist, das weiß ich. Jetzt nützt es mir nur noch, mir die extremste Empfindungsmöglichkeit zu vergegenwärtigen, mich an das äußerste Phantasiegeschenk zu halten, Gottes gutes Zureden zu memorieren: „Fürchte dich nicht, denn ich habe dich erlöst; ich habe dich bei deinem Namen gerufen: du bist mein." Jesu Zusicherung: „In der Welt habt ihr Angst ..." Oh ja, denke ich, aber ich zwinge mich zum entscheidenden ABER des Jesus von Nazareth: „... aber seid getrost, ich habe die Welt überwunden."

Wenn ich Glück habe, finde ich eine unverschlossene Kirche. Dank gebührt den immer offenen katholischen Kirchen. Dort spüre ich, was ich nicht wirklich wissen kann, ich empfinde die Wahrhaftigkeit dessen, wovor der armselige Verstand haltmacht:

„Denn wir haben hier keine bleibende Stadt, sondern die zukünftige, die suchen wir." Und schon geht es mir besser, dort in der Kirche, der schönen Behelfsstadt, im Vorgeschmacksort der „göttlichen Behausungen", der „lieblichen Wohnungen", jenen Seelenplätzen, die uns die Bibel so liebevoll gleichnishaft in Szenerien verwandelt. Das Herauspicken begünstigender Zitate genügt aber nicht. An den Ermahnungsappellen und den

Aufforderungen der christlichen Lehre darf ich mich nicht vorbeimogeln. Dennoch, weil Trost unter Menschen stets nur von vorübergehender Art ist, zieht es mich in die Richtung Dauer, Verläßlichkeit, Ewigkeitsverhältnis des Vertrauens. Nochmals: eine Durchreise, und keine Kirche ist offen. Der Ersatz wird gefunden: ein Friedhof, wo ich zwischen Grabsteinen, im Schutz von Gebüsch, Statuen, Bäumen, beredter Stille plötzlich weiß, daß ich eine Zwischenwelt betreten habe. Vor-Erlösung, eine Stufe bin ich höher auf der Treppe, die ich immer gehen will. Und den Grabinschriften glaube ich Wort für Wort. Glaube, Hoffnung, Liebe, diese drei aus Paulus' Korintherbriefen, von denen der schweigsam auf die notwendigste Sprache verweisende Friedhof zeugt, sie lassen mich Vorsätze fassen.

Und so hätte ich gern Kirche, Christentum: so nah und so unverkrampft wie möglich bei der Lehre. So unmodisch unabgeändert, ohne Kniefall vor dem Unterhaltungsbedürfnis der Zeitgenossen. Abstinent gegenüber dem Trend zum Synkretismus, dieser Mixtur aus Fernost und sonstwoher adaptierten Mystizismen abhold.

Dem Christentum muß Gottes Zusage überwältigend genug sein. Nicht einmal neuer Gleichnisse bedarf ich, denn die besten stehen im Evangelium; mir ist es selbstverständlich recht, wenn die Predigt sie erklärt. Was ich aber nicht ausstehen kann, das ist ein Gott als Sportschiedsrichter, Jesus als Torwart und so weiter. Ebenso widerstrebt mir die allzu eilfertig erbötige tagespolitische Einmischung: Wenn ein Bischof empfiehlt, die Bevölkerung solle schleunigst wieder Fisch essen, Fisch sei gesund, dann denkt er dabei an die Fischwirtschaft und nicht an Gott, nicht einmal an die alles umfassende Nächstenliebe.

Diese Aufgaben der Nächstenliebe stellen sich dem Christen jedoch auch, und ich wäre eine untreue Tochter meines Vaters, der als Theologe einen christlichen Schwesternverband leitete, wenn mir die Arbeit der Diakonie schon als zu weitgehende

Säkularisierung gälte. Schwacher, Kranker, Debiler, der Minorität der Scheiternden sich anzunehmen, das ist Christentum als Nutzanwendung. Aber wenn die Kirche dem jeweiligen Zeitgeist hinterherkeucht, sich erniedrigt zu einem Angebotsmischmasch – ungern hatte ich den Begriff „Markt der Möglichkeiten", Kirchentagstummelplatz –, dann drückt sie darin nur Bangigkeit aus. Folgender Irrtum entsteht so: Gott bewirbt sich um den Menschen. Im Gegenteil! Es ist nicht Gott, der sich um den Menschen bewirbt, nicht Gott, der des Menschen bedarf, es verhält sich genau umgekehrt.
Karl Barth sagt: „In der Kirche weiß man, daß nichts verdient ist, daß Gott uns nichts schuldet, nicht einmal, daß er uns ansieht. Natürlicherweise müßte es so zugehen, daß Gott überhaupt nichts mehr von uns wissen wollte."
Ich ertappe mich inmitten einer Verstörung und in Sorgen, das ist bei Kierkegaard das Wegekreuz der Angst, und nur auf die geistige Straße, die wegführt von der zum pur naturgebundenen Dasein, kann meine Wahl fallen. Innerlich als Begleittext sage ich auf: Mein Leben muß enden. Paulus sagt: „Christus ist mein Leben, und Sterben mein Gewinn." Von der Kirche will ich wissen, warum ich da bin und warum ich weg soll, „daß es ein Ende mit mir haben muß", woher, wohin? Das Sollen muß wie bei Paulus ein Dürfen werden. In der Kirche will ich die Erfahrung des Paulus machen, ich will Kierkegaards Freiheit erlernen, ich will von der Ewigkeit hören, von Erlösung. Und ich wiederhole mich mit dem Satz über die schönste und singuläre, nur ihr eigene Vollmacht der Kirche: Sie allein darf von der Erlösung sprechen, sie muß es tun. Paulus überlegt: „Ich möchte abscheiden, was auch das Beste wäre ..." Kein Selbstmord des Paulus kündigt sich hierin an, sondern Verzicht auf seine Sehnsucht nach Gott, und zwar um des Auftrags willen, den er von Gott hat.
Warum bin ich unruhig? „Was betrübst du dich, meine Seele, und bist so unruhig in mir? Harre auf Gott ..." Wieder nur die Kirche mit ihren Mittelsleuten zwischen hier und dort, wieder

nur sie kann antworten. Angesichts unserer elementarsten Existenzfragen wünsche ich mir nicht die popularitätseifrigen Halb- oder Drittelpfarrer, die sich bemühen, gleichzeitig Psychologen, Sozialtherapeuten und Politiker zu sein. Und denen die Sache Gottes selbst nicht ganz geheuer ist, so daß sie sich über eine Christenheit freuen müssen, die sich Gesinnungshalstücher umgeschlungen hat. „Herr, lehre mich bedenken, daß ich sterben muß ...": Lieber Prediger, sprich, wie Kierkegaard es forderte, mit deinem Dasein darüber, erkläre sie mir, Gottes überhaupt durch nichts von uns Menschen ins Recht gesetzte Liebe. „Kommt wieder, Menschenkinder." „So wie sich ein Vater erbarmt über seine Kinder ..." In solcher Nähe zum Text soll die Kirche die Alten und die Trostbedürftigen ernst nehmen und deren Anhänglichkeit nicht seufzend und mit sehnsüchtigem Blick auf die Jungen übergehen; diese Alten, die an Gottesdiensten noch teilnehmen, schwerhörig oft nicht die Predigt verstehen, das Wort Gottes aber doch vielleicht vernehmen, die dürften nicht innerhalb der Gemeinde verlassen sein; hier finde ich die Auslegung der Bibel ebenso wichtig wie die kirchlich-soziale Aufgabe.

Wieder denke ich an die Berufszeit meines Vaters: Gemeindeschwestern schauten nach den Kranken und den Alten. In unserer Gegenwart muß man dauernd darüber erschrecken, wie oft es vorkommt, daß das Sterben einsam in unbesuchten Wohnungen tagelang unentdeckt bleibt, und die Angsteinsamkeit, die solchen Todesfällen vorausging, macht dem, der nach Luther täglich ein Christ werden will und nur so ein Christ ist, ein schlechtes Gewissen. „Kommt wieder, Menschenkinder." In Gottes Zusage wohnt die unverdiente Liebe. Eine Liebe solcher Art ereignet sich unter uns Menschen nur da, in seltenen Glücksfällen, wenn zuvor Gottes Liebe sie geweckt hat aus dem Schlaf der Verstocktheit, der Selbstgerechtigkeit, des Übelnehmens, des Unbarmherzigen – der Menschenschwäche nun eben.

Mein Traum von Kirche? Mitleidig und auch mahnend soll sie

den Menschen darin unterstützen, Gottes zu bedürfen. Brauchen wir ein neues Christentum? Nein. Wir brauchten wahrscheinlich einen neuen Elan, uns des alten und einmaligen Christentums absolut in Theorie und Praxis zu erinnern. Die Hauptarbeit ist Verkündigung, ist die bergführerartige Arbeit, den Menschen auf dem Weg zum Glauben zu leiten. Noch etwas, das ich erwarte und das der Prediger wiederholen sollte, so oft er nur kann; zuvor hat Kierkegaard es behauptet, und es ist schön, lebenswichtig, hilfreich, schwer verständlich und leicht verständlich zugleich, es ist ganz und gar nicht zwecksüchtig und nicht pragmatisch und lautet: „Der Gegensatz zur Sünde ist nicht die Tugend, sondern der Glaube."

Schmidt-Biesalski: Frau Wohmann, ich will gleich am Schluß Ihrer Ausführungen einsetzen: Sie sagen da, mitleidig und auch mahnend soll die Kirche die Menschen darin unterstützen, Gottes zu bedürfen. Für mich ist die Frage: Was ist das für ein Gott, dessen die Menschen bedürfen sollen? Wozu brauchen wir Gott überhaupt Ihrer Meinung nach?

Wohmann: Geht das nicht aus meinem Text hervor? Sind wir nicht alle angewiesen auf ihn? Auch meine eigene Angewiesenheit, wenn ich mich verloren fühle, überhaupt das Gefühl, verloren zu sein, ist doch eigentlich dem Menschen einwohnend. Wenn ich meine Diesseitigkeit betrachte, dann läuft das doch darauf hinaus, daß wirklich der Mensch Gottes bedarf auf eine sehr simple, ja fast banale Weise; dann fällt mir doch ein, daß ich trostlos, auf eine ganz trostlose Weise verloren bin. Ich bin jetzt hier, ich weiß nicht, woher ich kam, ich weiß nicht, wohin ich gehe, ich werde sterben, irgendwie zu nichts zerfallen. Aber das will schon Goethe nicht, der sagt „kein Wesen kann zu nichts zerfallen".

Das alles zum Beispiel geht nicht ohne Glauben an Gott als Sinn unseres hiesigen Treibens und Herumquälens. Na gut, es gibt auch immer Freudenmomente, aber im allgemeinen betrachtet ist ja nicht viel los mit dem Leben als solchem.

Schmidt-Biesalski: Mir fehlt bei Ihren Ausführungen Jesus ganz. Er kommt gar nicht vor bei Ihnen.

Wohmann: Der kommt vor, dauernd zitiere ich ihn. Jesus Christus sagt, du bist mein, ich habe dich erlöst …

Schmidt-Biesalski: Das ist Jesaja …

Wohmann: Ach so na ja gut, aber ich habe ihn doch manchmal zitiert. Und Jesaja zitiert Gott.

Schmidt-Biesalski: Ich meine jetzt aber mehr die Gottesvorstellung. Also diesen Gott, der, wie Christen jedenfalls glauben, sich in Jesus auch seiner selbst entäußert hat, der Mensch geworden ist. Deswegen hat mich auch ein bißchen Ihr Satz irritiert, Gott bedarf des Menschen überhaupt nicht, sondern die Menschen bedürfen nur Gottes, Gott wirbt nicht um die Menschen.

Das Alte Testament sagt oft was ganz anderes, da wird Gott immer wieder als der Werber um Israel und um die Menschheit dargestellt. Und ich denke auch im Neuen Testament, wenn man sagt, Gott ist in Jesus Christus Mensch geworden, dann ist das doch eigentlich eine … also massiver kann man doch gar nicht um Menschen werben, denke ich.

Wohmann: Ich beziehe mich da vielleicht zu sehr auf die Lehre des Karl Barth, von dem ich das habe. Ich habe das ja nicht erfunden, obwohl mir das so eingeleuchtet hat, daß es nur immer wir Menschen sind, wir in unserer Kläglichkeit, die der höheren Instanz überhaupt bedürfen. Und Gott, was will er mit uns, er müßte nach Karl Barth uns eigentlich unerträglich finden. Und das finde ich wahrhaftig auch. Wenn wir uns mal beobachten von einem Morgen bis zu einem Abend, dann gibt es sicher viele Momente, zu denen Gott sagen würde, das ist mir eigentlich ziemlich unerträglich, manchmal warst du ganz annehmbar, aber dann doch viele Male unleidlich. Jesus Christus, der Ihnen hier zu wenig vorkommt, und das liegt wohl auch daran, daß der Text zu unausführlich ist und zu knapp, den verstehe ich sehr wohl als den Vermittler zwischen uns und Gott.

Schmidt-Biesalski: Wenn ich Sie richtig verstanden habe, haben Sie an anderer Stelle gesagt, die Verkündigung sei für Sie die zentrale Aufgabe der Kirche. Für mich entsteht die Frage, ob Kirche da nicht auch ganz stark zur Vertröstungsanstalt wird nach dem Motto: Ihr Menschen, hier geht's euch zwar nicht gut, aber dann und dort, da wird es besser sein. Ich frage mich auch, ob da nicht ein bißchen die Marxsche Kritik an der „Religion als Opium des Volkes" berechtigt ist; ständiger Hinweis auf etwas, was sehr weit weg ist; also das hat ja mit dem Hier und Jetzt außer einer Vertröstungsfunktion, denke ich, nicht so sehr viel zu tun.

Wohmann: Zunächst: Ich habe nichts gegen Vertröstungen; ich finde an diesem Leben ja so viel zu beanstanden, daß wir dieses Trostes bedürfen. Aber in der Kirche, in der Verkündigung kommt ja auch wohl genausogut vor, wie wir uns als Menschen zu verhalten haben; ich spreche auch von Nächstenliebe und deren Aufgaben. Daß das ein Gebot ist, das unterschlage ich überhaupt nicht. Opium des Volkes, ja, da würde ich überspitzt sagen, auch gegen Opium ist nichts einzuwenden, wenn wir sehr schlimm dran sind, als Kranke, als todkranke Patienten, zuallerletzt. Aber es ist sehr hart formuliert. Wo gibt es das sonst noch? Opiumähnlichen Trost? Gut, manche Leute beruhigen sich vorübergehend, indem sie Schubert hören, das tue ich auch, oder Bach, aber das sind immer schon so Vorstufen zu etwas, das eigentlich jenseitig ist. Für mich ist Musik auch nicht ganz irdisch.

Schmidt-Biesalski: Aber wie steht's mit der diesseitigen Kirche und mit den Aufgaben, die die Kirche hier nun mal hat? Ich sag einfach mal ein paar Stichworte: Also diese Funktion, auch Sauerteig zu sein und eben sich nicht mit allem zufrieden zu geben; Südafrika oder die Rolle von Frauen oder auch was als feministische Theologie ein Stück weit entwickelt wird; da gibt es ja ganz viele Beispiele, etwa auch die „politische" Kirche.

Wohmann: Ja, ich habe, glaube ich, davon gesprochen, vielleicht zu einseitig, daß Kirche sich unbedingt kümmern soll um die Armen, Schwachen, Behinderten, Minderen und die Verfolgten, die Hungernden und so weiter. Das halte ich für selbstverständlich, daß da auch noch anderes vorkommen sollte, was ich hier nicht erwähnt habe. Nur zuviel Einmischung in Politik gefällt mir wiederum nicht, sie ist als Nebenaufgabe zu betrachten. Sie müssen immer bedenken, ich bin eine Amateurin, ich versuche es auf meine Weise, für mich ist das wichtig zu empfinden, damit ich etwas davon habe. Wenn wir nun von den Frauen sprechen, also die kommen mir nicht so bejammernswürdig vor wie hungernde Kinder in Äthiopien.

Schmidt-Biesalski: Natürlich. Aber Sie sind ja aufgewachsen in einem Pfarrhaus, und ich denke mir, daß man dann schon auch einen kritischeren Blick hat auf diese Kirche, als wenn man ganz woanders, was weiß ich ...

Wohmann: Ja, das Pfarrhaus, in dem ich aufwuchs, war kein so typisches. Mein Vater war kein Gemeindepfarrer, er hat einen Diakonieverein geleitet, und daher weiß ich auch, wie wichtig diese Aufgaben sind. Ich würde mich auch als treulose Tochter fühlen, wenn ich jetzt sagte, die Kirche wäre nur für Verkündigung der reinen Lehre da. Sie ist also auch für diese anderen da, das weiß ich durch den Beruf meines Vaters.

Schmidt-Biesalski: Ich möchte doch noch mal bei dieser politischen Aufgabe der Kirche bleiben. Wo sind da die Grenzen, wenn Sie sagen, sie soll zwar einerseits, aber andererseits auch wieder nicht zu sehr; aber sich überhaupt nicht zu äußern (dafür gibt es ja auch Beispiele), das ist ebenso politisch wie sich einzumischen.

Wohmann: Ja, das ist wahr. Da muß ich natürlich genauer werden. Dazu hat's nicht gereicht in diesem Text. Selbstverständlich kann sie sich nicht so raushalten, so ganz apart halten, das finde ich auch verkehrt. Auch zum Beispiel im Rückblick auf die Nazizeit, wo sie ja auch eine sehr zwiespältige Rolle gespielt hat. Da ist also Kirche immer in Gefahr, wenn sie sich beteiligt, auch mitläuferhaft zu werden und nebenbei ihre anderen Aufgaben zu vergessen.

Schmidt-Biesalski: Ja, aber mitläuferhaft zu werden, das ist ein Problem auch der klaren Kriterien, auch der Kriterien kirchlichen Handelns. Ich denke manchmal, daß die Kirche für viele Menschen so unglaubwürdig wird, liegt auch daran, daß sie im Grunde genommen es allen recht machen will, auf allen Hochzeiten tanzen will, daher auch keine Entschiedenheit mehr aufbringt.

Wohmann: Ja, das verstehe ich unter diesen Anbiederungsversuchen auch, so Kirchentag-Rummelplätze. Da ist die Kirche unglaublich froh, daß so viele junge Leute kommen, wobei man überhaupt nicht weiß, ob die dann auch bleiben, ob das wirklich Kirchgänger werden. Werden sie ja nicht, denn wir wissen, die Kirchen sind verhältnismäßig leer. Und da sitzen dann die alten Menschen, von denen ich gesprochen habe, und die nicht so verächtlich abgetan werden sollen. Daß die kommen, ist doch sehr ernst zu nehmen, meine ich.

Schmidt-Biesalski: Welche Gründe sehen Sie dafür, daß die Kirche offenbar so unattraktiv ist?

Wohmann: Vielleicht liegt das nicht nur an der Kirche oder an den Pfarrern, das kann ich überhaupt nicht beurteilen, sondern vielleicht liegt das an den Menschen, so wie sie heute sind. Die Menschen, die sich mit überhaupt nichts Ernsthaftem, Nachdenklichem, Schwierigem, Kompliziertem beschäftigen wollen, weil sie dauernd durch Freizeitangebote abgelenkt sind. Und ihren Sonntag wollen sie auch völlig anders verbringen. Meistens fahren sie schon am Freitag, sobald's nur irgendwie geht, weg, setzen sich ins Auto und haben überhaupt mit Gott und der Kirche nichts im Sinn, bis es ihnen irgendwann mal schlecht geht. Das stell ich mir auch nicht vor, daß die Kirche denen hinterherlaufen soll.

Schmidt-Biesalski: Ich möchte am Schluß noch mal auf einen

Satz vom Anfang Ihrer Ausführungen zurückkommen. Sie sagen, Christsein ist ein Prozeß und ein Werdegang. Was macht dann den Christen eigentlich aus, was ist das Ziel des Prozesses, auch für Sie, und wo sind die Hilfen auch und die Solidarität? Ich glaube, das geht ja nicht gut allein, sondern man braucht auch andere Menschen dazu.

Wohmann: Also, ich bin keine Bekehrerin. Wenn ich etwa mit jemandem zusammenlebte, der sich überhaupt nicht artikuliert, ich wüßte nicht, was in ihm vorgeht, ich wüßte nicht genau, wie er es mit der Religion hält; das könnte mein engster Partner sein – ich würde nicht sagen, komm, jetzt sprechen wir mal darüber. Ich glaube, Gott erlaubt uns, vollkommen isoliert mit ihm zu konferieren, das ist das Schöne, daß er uns auch diese Einsamkeit gewährt. Vielleicht ein elitärer Standpunkt, den ich aber mit Kierkegaard teile und der mir auch gefällt.

Karl Barth sagt einmal, andere Menschen können dir helfen, sie können dir bis zu einem gewissen Grad sehr wichtig sein und nützen und können versuchen, dich über einige Krisen hinwegzubringen. Aber wirklich dein Leben retten, das können sie nicht. So glaube ich, ist das doch schon eine Angelegenheit zwischen Gott und mir oder dir und so weiter. Abgesehen von den Folgen, die das auch haben muß für mein Handeln und Sein andern gegenüber.

Schmidt-Biesalski: Die Kirche hat dabei, auch Ihre erträumte Kirche, dann so eine Art hilfreiche Funktion, indem sie immer wieder auf die biblische Überlieferung verweist.

Wohmann: Ja, ja. Etwas Schöneres als Bibelzitate gibt's ja kaum. Wenn man sie nur immer wieder hört, zu verstehen versucht und eigentlich auch genießt. Mir kann keiner erzählen, daß im Diesseits schon das vollkommene Glück zu erreichen sei. Das kann mir wirklich niemand vorgaukeln. Denn irgendwann kommt die Gebrechlichkeit, das Alter, jemand, den man lieb hat, stirbt, und das passiert jedem, und man selber wird sterben.

3. Gespräche

Das späte Verlangen nach Glauben

Gespräch mit Jack, dem Professor der Theologie

Jack in seinem Arbeitszimmer, lesend

Gabriele Wohmann (off):
Mit Jack zu reden, wird für mich höchstinteressierte Amateurin am schwierigsten sein. Was ich immer wieder nachlesen und neu verstehen muß, bei ihm ist es abrufbereit. Über den Nutzwert seines Berufs muß ich mit ihm nicht diskutieren, über Lebensoptimismus auch nicht: Er hat keinen. Kann und will ich denn mit ihm über das Wichtigste reden, von woher sich jedes Menschenleben definiert und woran gemessen alles andere lächerlich ist: Über den Tod? Ich konnte mit Eva in der Sterbenszeit ihrer Mutter nur in armseligen Bruchstücken über den Tod reden.

Insert, gelber Zettel: »Man lebt und weiß den Tod. Alles andere ist Beschäftigungstherapie.« Joyce

Musik:
Klavier: Reger: Sonate e-moll (Anfang)

Jack geht auf dem Judenfriedhof spazieren. Lichter Teil mit Mauern

Gabriele Wohmann (off):
Als im letzten Sommer eine Woche nach dem Tod seiner eigenen alten Mutter die

alte Mutter von Jacks Frau, meiner Freundin vom ersten Schultag an, gestorben ist, hat Jack seine weinende Frau nicht mit seiner Gelehrtheit, sondern mit einfachen Bildern wie für ein kleines Kind beruhigt, er hat ihr den Himmel anschaulich gemacht. Aber als er, Jahre vorher, seinen Schwiegervater beerdigen mußte, hat er nur mit großer Anstrengung vor der kleinen Gemeinde seine Verzweiflung nicht ganz hervorbrechen lassen.

Gabriele und Reiner auf dem Judenfriedhof, zwischen den Gräbern, Baumweg

Gabriele Wohmann (off):
Beide Haltungen haben mich überzeugt und gerührt. „Die Mama hat Quartier gemacht" hat er zu seiner Frau beim Tod ihrer Mutter gesagt und seine Mutter gemeint, die kurz vorher gestorben war.

Meine Schreibtische langsamer Schwenk über den Schreibtisch zur Wand mit den gelben Zetteln

Über beide Ereignisse, die Beerdigung des Schwiegervaters und die Kindlichkeitsbeschwichtigungen für seine Frau, habe ich angefangen zu schreiben ... Hier irgendwo liegen diese Seiten. Fragmente, ich war noch nicht distanziert genug. Übrigens: Wenn ich arbeite, dann ist das hier oben mein Lieblingsplatz, mein Ausgangspunkt vom Aufwachen an. Nur in unergiebigen Zeiten, in denen vernünftige Menschen sich vernünftig ausruhen, bin ich dieser Taucher mit der Angst vorm tiefen Wasser.

Insert: (Ransprung)
»Aber dann geht der Vorhang ja erst richtig auf.«
Karl Barth zu einem Studenten, der die nahe Zukunft des Todes mit einem Vorhang verglich
In Unschärfe.

Gabriele Wohmann (off):
„Die Mama hat Quartier gemacht“: diese Erzählung werde ich schreiben, diese ersten 12 Seiten werde ich nicht liegen und verstauben lassen.

Zu den Bildern vom jüdischen Friedhof, Jack mit G.W.

Originalton-Unterhaltung:
Lieber Jack, erschrick nicht vor der Banalität meiner Fragen. Aber wenn ich aus der Sicht eines Theologieprofessors erzählen wollte, müßte ich ja unter anderem wissen, wann der morgens aufsteht. Nehmen wir einen Tag mit Vorlesungen, Seminaren, Proseminaren ...

Jack: Da bin ich früh aufgestanden.

G.W.: Weil du den Fahrtweg hattest.

Jack: Ja, der war ja ziemlich lang, wenn ich mit dem Zug fuhr, und etwas kürzer mit dem Auto.

G.W.: Und mit dem Auto hattest du das Parkplatzproblem.

Jack: Wenn ich rechtzeitig fuhr, nicht. Wenn ich vor neun Uhr dort war, konnte ich parken, wo ich wollte. Nachher hatte ich die Tiefgarage, da ging es vorzüglich. Gar keine Schwierigkeiten.

G.W.: (lacht) Ich sehe schon voraus,

über Schwierigkeiten willst du nicht sprechen. Etwas anderes, auch Banales. Man kriegt irgendwann Appetit. Wo ißt man dann, als Professor? Doch nicht in der Mensa mit den Studenten? Oder doch? Gibt es Professoren, die das tun?

Jack: Ja ... Nur ich ... ich muß sagen, ich bin nie in die Mensa gegangen, auch als Student.

G.W.: Auch als Student nicht?

Jack: Auch nicht. Nein.

G.W.: Mensa-Aversion?

Jack: Ja. Das Essen, das habe ich dann abgewickelt, wenn ich nach Hause kam.

G.W.: Also hast du gehungert.

Jack: Nein nein, ich habe meine Bemmchen mitgenommen ...

G.W.: Bemmchen! *(lacht)*

Jack: Belegte Brötchen ... und meine Thermosflasche Tee.

G.W.: Bedeutet das, du hattest ein stattliches Arbeitszimmer, in dem du es dir gemütlich machen konntest?

Jack: Eine Zelle!

G.W.: Eine Zelle? Also scheußlich?

Jack: Ja. Aber es reichte für die Bedürfnisse völlig aus. Tisch, Schränke. Zwar alles Stahlmöbel, jedenfalls zuletzt in Frankfurt. In Göttingen war das Zimmer etwas feudaler, direktorenmäßiger.

G.W.: Nicht nur die Zimmer, auch die sonstigen Arbeitsbedingungen werden von Universität zu Universität verschieden sein. Die Studenten und die Kollegen auch.

Jack: Mit Kollegen arbeitet man eigentlich wenig zusammen. Der Normalbetrieb war, daß wenig Teamarbeit geleistet wurde, gelegentlich ist das mal passiert, wenn man Seminare gemeinsam gemacht hat, aber im Durchschnitt nicht, die Vorlesungen sind allesamt einsame Arbeiten gewesen.

G. W.: Einsame Arbeiten. Was verstehe ich darunter?

Jack: Das heißt, daß man mit seinen Gedanken allein war, auch in Dialogform sich nichts entwickelt hat, und das war eben Schreibtischarbeit und Gedankenarbeit im eigenen Kopf.

G. W.: So sollte es ja wohl auch sein. Aber wenn man sich Vorlesungsthemen fürs nächste Semester überlegt, spricht man sich da mit den Kollegen ab?

Jack: Ja ja.

G. W.: Oder hast du von den andern schon gewußt, was sie mit Sicherheit nicht machen werden?

Jack: Nein, das weiß man mit Sicherheit nie, aber da wird schon eine gewisse Koordination vorgenommen, damit ein möglichst breites Themenfeld abgedeckt ist in den Vorlesungen und Seminaren. Das war nicht bis ins Einzelne festgelegt, in frühen Zeiten gar nicht, später wurden dann Pläne mehr ausgearbeitet. Das war dann schon eine stärkere Zusammenarbeit, was die Planung anlangt.

G. W.: Kann das ärgerlich werden bei so einer Konferenz? Etwa so: Man hat ein bestimmtes Thema, das will man bearbeiten, und dann kommt ein anderer und will das auch. Oder ist das Gebiet so weit, das Thema auch so dehnbar, voller verschiedener Aspekte …

Jack: Ach, es sind eigentlich immer genug Themen da, auf die man ausweichen kann. Konkurrenzschwierigkeiten habe ich nie erlebt, bei der Besetzung eines Themas.

G.W.: Du warst in Wuppertal, Bonn, Göttingen, Frankfurt, hast Vorlesungen über Vorlesungen gehalten, aber niemals auf früher zurückgegriffen. Ein bißchen bearbeitet und renoviert, das Alte, Schon-Getane wieder benutzt. Üblich ist doch, daß jeder von sich selber abschreibt.

Jack: Ja … na ja … also thematische Berührungen, die hat es natürlich gegeben, das ist ja unvermeidlich. Aber es haben sich einfach die Einstellungen und die Einsichten, Ansichten und die Überlegungen im Lauf der Zeit geändert, und da kann man schlecht noch einmal so einen alten Hammel schlachten.

G.W.: Das verstehe ich. Auf allen Wissensgebieten ist es so. Beispielsweise kann man, in der Psychoanalyse, heute auch nicht mehr über Freud das servieren, was vor zwanzig Jahren der aktuelle Wissens- und Meinungsstand war. Aber ich muß wieder an meine Romanperson denken. Der Theologieprofessor! Könnte ich aus der Sicht eines Menschen schreiben, mich in ihn hineinversetzen, der das gewaltige Studium der Theologie tatsächlich hat absolvieren können? Für eine Hauptperson ist dieser Mensch mir zu erfolgreich, er konnte Hebräisch lernen, und die akademische Laufbahn hat ihn nicht eingeschüchtert, er überstand Examensängste oder hatte keine ... Wie aber wäre es mit einem weniger Lebenstüchtigen, in dessen Biographie relativ spät die Beschäftigung mit der Lebensunzulänglichkeit die Oberhand gewinnt, er ist nun fixiert auf seine eigene Sterblichkeit, und so könnte es vielleicht zu einer Hinwendung zur Theologie kommen. Was würde der machen, sagen wir mal er ist fünfundvierzig oder fünfzig? Plötzlich empfindet er alles Vorherige als völlig belanglos, seinen Beruf, alles, und zwar, weil er nun Angst hat vor dem Tod ... und nun denkt er: Ich will etwas machen, das mit Theologie zu tun hat.

Jack: Dann soll er keine Theologie studieren.

G.W.: Ach! Das soll er dann nicht tun? Das ist aber verblüffend. Sag mal warum.

Jack: Theologie ist kein Religionsersatz.

G.W.: Aber sie handelt doch von Religion.

Jack: Ja, aber so, wie die Ästhetik von der Kunst handelt. Also da ist schon ein Unterschied.

G.W.: Demnach kam deine Entscheidung für die Theologie aus rein wissenschaftlichem Interesse?

Jack: So kam es jedenfalls dazu, und ich würde auch sagen, ich bin zunächst Theologe geworden von der Philosophie her, und dann zunehmend … Christ. Also ein etwas merkwürdiger Weg. Ich war keineswegs besonders religiös, als ich anfing zu studieren. Sondern es war eine Neugierhaltung, die im Lauf der Zeit zugenommen hat.

G.W.: Die von mir geschilderte Person würdest du für ganz untauglich halten.

Jack: Nein, nicht für untauglich, aber ich würde ihm nicht direkt die Theologie vorschlagen. Er kann genauso gut Philosophie studieren.

G.W.: Aber da bekommt er doch auf seine letzten Fragen keine Antworten, er kriegts nicht zu tun mit Kierkegaard, Karl Barth … oder …

Jack: Dafür kriegt ers mit Plato zu tun, mit Hegel, und die haben auch den Anspruch erhoben, die letzten Fragen anzugehen. Wenn man jetzt die, sagen wir mal, rein analytische Philosophie nimmt, die moderne analytische Philosophie, die will auf diese Fragen gar keine Antwort geben. Aber die alte klassische Philosophie mit ihrem metaphysischen Anspruch, die hat sich an diese Frage schon herangewagt. Nicht umsonst konnte Hegel sagen: Philosophie und Theologie sind identisch, und die Religion ist eine Stufe in der Entwicklung des Geistes hin zu sich selbst. So daß er dann sagen konnte: Religion und strenge, rein wissenschaftliche Philosophie verhalten sich zueinander wie Vorstellung und Begriff. Also nur ein formaler Unterschied, kein substantieller Unterschied. Und das ist, jedenfalls heute, nicht mehr die allgemeine Überzeugung in der Philosophie, aber wer sich mit ihr beschäftigt und auch die historische Seite nicht außer acht läßt, der kommt an diesen Ansprüchen jedenfalls nicht vorbei.

G.W.: Ja. Aber offenbar hast du doch gedacht, nachdem du in Philosophie promoviert und sogar auch dich habilitiert hast – das weiß ich jetzt nicht mehr genau – kurzum, du hast gedacht: Noch weiter fragen. Und das hat bedeutet: In der Theologie weiter fragen. Theologie zu studieren.

Jack: Ja, das Bedürfnis war geweckt, und zwar im Lauf der Beschäftigung mit den Philosophen, mit der Existenz-Philosophie. Zunächst sehr stark mit Heidegger, und von Heidegger wurde ich so ein bißchen an Kierkegaard herangeführt, und da wurde das Thema Christentum akut, nicht? Das war keine Bekehrung, keine Erweckung, aber es war ein Anstoß, ein ungeheurer Anspruch, der in diesem johanneischen Satz gelegen hat: „Ich bin der Weg, die Wahrheit und das Leben. Niemand kommt zum Vater denn durch mich.“ Das empfand ich damals als eine enorme Herausforderung, der man nicht leichtfertig ausweichen kann und die man nicht leichtfertig abtun kann. Und so kam es zur Beschäftigung mit der Theologie als derjenigen Disziplin, die nun einmal mit dem Christentum speziell zu tun hat.

G.W.: Du hast von dem johanneischen Wort gesprochen, das für dich theologiewegweisend war. Also kann ich doch nicht so ganz unrecht mit der Person haben, die ich mir vorstelle, die aus Sehnsucht nach etwas über die irdischen Unzulänglichkeiten Hinausweisendem sich der Theologie zuwenden will ... Vorhin hast du gemeint, ein Mensch mit solchem Verlangen solle nicht Theologie studieren.

Jack: Zum Studieren gehört eben auch noch der ganze enorme historische Apparat hinzu. In den meisten Fällen ist es ja so, daß die Studenten drei alte Sprachen nacharbeiten müssen. Latein, Griechisch, Hebräisch. Früher, wenn die Studenten vom Gymnasium kamen, war das nur Hebräisch. Das war in relativ kurzer Zeit zu machen. Die Studenten waren auch, was sprachliches Lernen anbelangt, eingeübter. Jetzt kostet das schon vier, fünf Semester. Hinzu kommt der ungeheure historische Ballast. Dann die verwirrende Vielzahl der theologischen Meinungen. Diese Schule meint dieses, eine andere Schule meint jenes. Das ist nicht immer ein Klärungsprozeß. Das ist oftmals ein Verwirrungsprozeß, in den sie hineingeraten. Statt des Studiums der Theologie würde ich eher empfehlen, daß man sich an eine große schöne Dogmatik macht oder an einen großen theologischen Schriftsteller und sich mit ihm intensiv beschäftigt, mit seinen Auslegungen.

G.W.: Aber das Verstehen? Ohne Voraussetzungen? Wenn ich in Karl Barths Dogmatik lese, merke ich auf jeder Seite viele Male, wie viel mir zum Verstehen fehlt. Es gibt natürlich auch Ausgaben für den Laien, das Karl Barth-Brevier, und anderes, ähnlich bei Kierkegaard, aber selbst zum vollen Genuß seiner Tagebücher muß man ein Grundwissen haben. Aber deine Einwände gegen das Studium der Theologie verstehe ich gut. Es bringt eine imponierende Arbeit mit sich. Die hat mir schon bei meinem Vater imponiert, bei dir auch. Ich könnte es nicht, meine Romanperson könnte es nicht, und deshalb überlege ich mir, was es sonst für Ausbildungswege geben könnte für jemanden, der, wie gesagt, spät in seiner Biographie entdeckt, daß alles Vorherige, womit er sich abgegeben hat, überflüssig war. Den das Verlangen nach Glauben, das Verlangen nach Freiheit umtreibt, Freiheit vom Bedenken seiner Sterblichkeit, von seiner Ängstlichkeit ... Was kann der werden? Nur Religionslehrer? Oder so etwas? Laienprediger? In Amerika werden die ernstgenommen, aber hier ... hier sind es wohl eher Scharlatane.

Jack: Nein. Von Scharlatanerie darf man nicht sprechen, nein.

G.W.: Wo treten solche Prediger auf?

Jack: Das sind Volksmissionare, die auch als Praedikanten ausgebildet werden und in der Kirche predigen, das gibt es alles, aber du hast eine andere Gestalt vor dir: so einen Sucher, einen Grübler.

G.W.: Ja.

Jack: Dann soll er Theologie studieren, aber ich würde nicht sagen, daß er das als seinen Berufsweg einschlägt. Das ist etwas anderes. Dann muß er sich aussuchen, was er nun braucht, um einigermaßen Antworten auf seine Fragen zu finden. Das ist ein schwieriger, komplizierter Weg, da helfen ihm auch keine vorgegebenen Studiengänge. Da wird er in Seminaren mal diese, mal jene Erfahrungen machen, er wird beim einen Dozenten stärker Antworten finden als beim anderen. Dann ist das aber ein sehr irreguläres Studium.

G.W.: Ich habe verstanden. Das wird also nichts. Aber wie gehts denn nun einem, der das alles studiert hat? Er hat alles gewußt, aber plötzlich entschwindet ihm der Stoff, er leidet an Gedächtnisstörungen, hat Angst vorm Denkzerfall. Plötzlich mitten in der Vorlesung merkt er, er kann nicht weiter – nein, die Vorlesung liegt ja als Manuskript vor ihm. Aber im Seminar: plötzlich kann er auf Fragen nicht mehr zuverlässig antworten. Er kann sich nicht mehr auf das Gelernte verlassen. Ist das vorstellbar? Gibt es das?

Jack: Erstens kommen im Seminar Fragen vor, von denen ich sagen würde, man sollte nicht leichtfertig eine Antwort anbieten, die erst eine gewisse Überlegung erfordert; da ist es dann gescheiter, wenn man dem Studenten sagt: Das ist eine so gravierende und wichtige Frage, ich würde die mir gern noch einmal überlegen und dann werde ich in der nächsten Sitzung darauf zu antworten versuchen. Das halte ich für sinnvoll.

G.W.: Das geht.

Jack: Das geht ohne weiteres. Und es wird auch eher noch verstanden, als wenn die Antwort wie aus der Pistole geschossen kommt, eine Antwort, die hinten und vorne nicht stimmt. Und deren Haltlosigkeit am Ende sehr schnell durchschaut wird.

G.W.: Der gewissenhafte Professor, der alles nochmal durchdenken will, wäre mir auch lieber.

Jack: Das andere, was du meintest mit diesen Gedächtnisschwierigkeiten, das ist gar nicht so furchtbar problematisch. Denn ein Großteil des Wissens besteht einfach darin, daß man die Literatur kennt und sich dann dementsprechend informieren kann. Wo man nachliest, wo man nachzulesen hat. Das nun alles zu speichern – gut, wer ein so phänomenales Gedächtnis hat, der ist prächtig dran, aber das muß nicht sein.

G.W.: Mein Gedächtnisgestörter ist folglich immer noch kein Scheiternder.

Jack: Nein.

G.W.: Verstehst du: Romanfiguren müssen ja Leidende und Scheiternde sein. Vergnügt und erfolgreich ihrer Arbeit nachgehen dürfen sie nicht.

Jack: Warum eigentlich nicht?

G.W.: Warum nicht? Weil es langweilig ist, über sie zu schreiben, langweilig, von ihnen zu lesen. Es geht ihnen gut. Das ergibt keine Dramaturgie. Das ist kein Schreibstoff. Über Leute, denen es gut geht, Leute ohne Probleme, fällt mir nichts zu schreiben ein. Ich habe sie auch nicht gern genug. Čechov waren die glücklichen Menschen unerträglich ...

Jack: Na ja, das finde ich nicht so ganz gerecht.

G.W.: In einer anderen Art Literatur kommen die Erfolgstypen vor.

Jack: Es muß ja nicht ein Erfolgstyp sein, sondern jemand, der in aller Bescheidenheit seine Arbeit tut. Und ohne große Katastrophen und große Krisen sein Leben dahinzieht – warum sollte der nicht auch einmal in einer Literatur eine kleine Randnote bilden?

G.W.: Ja, gut, kleine Randnote. Als Kontrastfigur brauchte ich diesen Zufriedenen. Er reizt und quält mit seiner Behaglichkeit die Hauptperson. Und die muß zweifeln und verzweifeln und nicht mehr können und nicht mehr wollen. Er muß in eine Krise geraten. Aber ich will lieber noch etwas von dir hören. Haben dir heutige Religionstrends zu schaffen gemacht, der heutige Synkretismus, bei dem alles zusammengewürfelt wird, Christentum und Buddhismus und so weiter in diesem Mischmasch?

Jack: Die Vielfältigkeit und Vielseitigkeit der Interessen, die mögen ja schön sein, aber wenn die Interessen dann dazu führen, daß alles in einen Topf eingerührt wird, dann halte ich das schon für etwas

Bedenkliches, Problematisches. Weil man dann keinem gerecht wird. Ich schätze einen Buddhisten, der in seinem Buddhismus ernst bleibt und von da aus einen Blick nach dem Christentum wirft, und umgekehrt einen Christen, der weiß, was er ist, und dadurch auch den Horizont hat, zum Islam rüberzublicken. Und zu den anderen Religionen, zu Weltreligionen oder auch Naturreligionen. Das ist ja alles legitim. Was ich nur für illegitim halte ist, daraus so etwas wie eine Einheitsreligion aus allem möglichen zusammenzubrauen. Da entsteht nach meinem Empfinden etwas, das keinen eigenen Charakter mehr hat.

G.W.: Das geht mir auch so. Jack, ich muß nochmal vom Tod reden. Ich weiß, vom Tod zu reden ist problematisch, peinlich, dummerweise ... Die Angst vor dem Tod kann sicher auch die Religion dem Menschen nicht ganz nehmen. Du sagst, du bist Christ, aber Angst vor dem Tod hat schließlich auch der Christ. So lang es jemandem gut geht, denkt er ganz gern an den Tod. Er denkt daran, was an Lästigkeiten alles entfällt, wenn er endlich tot ist. Aber kaum taucht ein körperliches Phänomen unangenehmer Art auf, da fragt er den Arzt. Die Ängstlichkeit fängt an. Er denkt nicht: Aha, das hat Gott so gewollt. Nein, er geht zum Arzt. Er will gesund werden.

Jack: Man sollte auch nicht leichtfertig damit umgehen. Aber die Angst vor dem

Tod ist sicherlich ein starkes Treibmittel in unserem Leben, und ein Christ wäre ein Unmensch, wenn diese Angst nicht auch ihn ergriffe. Aber es gibt da etwas, ich würde sagen, so etwas wie eine getroste Angst.

G.W.: Aha. Das ist schön. Ja.

Jack: Die Toten sehen halt überall anders aus. Man kann nicht von den Toten schlechthin reden. Die Toten des Homer sind anders als die Toten des Midas, und die Toten Israels sind auch wieder anders, bei ihnen ist die Angst davor, vom Gotteslob ausgeschlossen zu werden, die Angst vor dem Tod. Und wenn ich von der getrosten Angst spreche, dann meine ich, daß Christen mit dem Tod zu tun haben können in der Gewißheit der Verheißung des Herrn Christus: „Ich lebe und ihr werdet auch leben." Ich habe die Hoffnung, daß Christen sich auch auf ihren Tod noch freuen können. Also an diesem Wort noch Gewinn haben können. Zuversicht.

G.W.: Vorfreude? Ungefähr passend zu dem Satz von Kierkegaard: „Der Tod ist für den Christen einerseits das größte Elend, andererseits die ersehnte Heilung, endlich zu sterben, abzusterben." Einerseits das größte Elend ... das kann man nicht so ganz begreifen. Ein Elend wie für alle auch.

Jack: Ja, sogar noch ein größeres Elend, denn wenn der zweite Satz stimmt, dann wäre ja der Tod so etwas wie die Trennung von dem, dem sich der Christ sein ganzes Leben lang verbunden gefühlt hat. Alles aus. Auch das Verhältnis zu Christus, auch das Verhältnis zu Gott: aus.

G.W.: In seiner irdischen Form: aus. Ein neues Verhältnis wird doch erwartet, das eigentlich überhaupt erst richtige und wahre, das, wonach Paulus sich sehnt ... „endlich abzuscheiden ...“, um endlich, und zwar dann erst, bei Christus zu sein.

Jack: Aber bei Kierkegaard ist da ein ganz eigener Sound drin, glaube ich. Von der Auferstehungshoffnung ist in seinem ganzen Werk wenig zu spüren. So gut wie nichts. Da ist er ein erbitterter Diesseitiger, der mit der ganzen Ernsthaftigkeit und Schwere des Todes rechnet. Und dann am Ende den Tod doch auch noch wie eine gewisse Befreiung aus seiner zwiespältigen Situation empfinden kann.

G.W.: Das wäre dann die ersehnte Heilung?

Jack: Zu diesem Satz müßte man dann schon sagen: Bei Kierkegaard fällt in einer paradoxen Weise Sterben und Auferstehen zusammen. Das ist eine paradoxe Konstellation, die vielleicht einmal gewagt, aber schlecht zur Regel erhoben werden kann. Sonst sind Kreuz und Karfreitag und Ostern zwei Tage. Insofern, als die Hoffnung über das Grab hinausgeht, und nicht die Hoffnung auf das Grab gesetzt wird. Das ist zweierlei.

G.W.: Karl Barth sagt, daß derjenige, der sich vor dem Tod fürchtet, eigentlich im Recht ist. Der Tod sei nicht dieser sanfte Bruder, der Bruder Schlaf, der freundliche, sondern er ist zuerst einmal Gericht. Gott hält Gericht.

Jack: Ja.

G.W.: Nach diesem Gericht könnte geradezu eine Sehnsucht entstehen. Endlich Gerechtigkeit! So lang gelebt wird, findet die nicht statt. Das, was Menschen miteinander machen, ist meistens nicht gerecht, es ist ein Gewusel von Vorwürfen, Mißverständnissen, Starrsinn und so weiter. Aber man sehnt sich nach Gerechtigkeit. Und die zu erwarten, ist eine Vorfreude wert.

Jack: Ja. Und deshalb haben die Kirche und der christliche Glaube den Gedanken des Jüngsten Gerichts. Daß dieses Gericht nicht einfach mit dem Ende des irdischen Daseins zusammenfällt, das ist nicht das letzte Wort. Sondern die Erwartung ist eigentlich die – wenn man es in den apokalyptischen Bildern malt –, daß die Toten auferstehen werden, alle Toten, und dann das große Endgericht gehalten wird. Daß da Heulen und Zähneklappern sein wird auf der einen Seite, und die andern gehen ein in das Reich des Vaters. Der Tod ist nicht automatisch das Gericht, und so soll es auch nicht verstanden werden. Und wenn je dieser Gedanke gefaßt war, daß er das Gericht sei, so ist doch der Glaube, daß Christus für uns gestorben ist, der: Dem Tod wird dieser bösartige Stachel des „Du wirst jetzt zu Recht verschwinden“ genommen. Und Barth hat da sehr klug und feinsinnig den eigentlichen Gedanken von der natürlichen Sterblichkeit des Menschen, auch des Menschen. Alle Wesen, die geschaffen sind, sind auch auf ein Ende hin geschaffen, sind endliche Wesen, und das Ende gehört zu ihrem natürlichen Dasein. Was den Tod des Menschen so schrecklich macht, ist die Perversion, die mit diesem Ende eingetreten ist. Ich habe mir das immer so klar gemacht: Es sind nicht nur die Menschen, die sterben, sondern es sind auch die Menschen, die töten. Den Umgang mit dem Tod haben. Den aktiven, gewissermaßen. Wir erleiden ihn nicht nur, wir fügen ihn auch zu.

G. W.: Kannst du das näher erklären?

Jack: Die Weltgeschichte gibt die Erklärung.

G. W.: Aber wir zwei, du und ich, wir töten nicht. Oder? Töten wir auch?

Jack: Wir töten nicht tätig, aber wir wissen ganz genau, daß wir auch diesen Umgang mit dem Tod haben könnten. Und wir müssen uns dessen enthalten.

G. W.: Natürlich töte ich durch alles, was ich dauernd verdränge, Katastrophen, Slums, Verhungernde …

Jack: In diesen Tötungsprozeß sind wir verstrickt.

G. W.: Mit unserer Ohnmacht. Man kann wenig machen.

Jack: Ja. Aber muß dieser Tötungsmechanismus, der da durch die Weltgeschichte läuft, ein unabwendbares Geschick sein? Oder ist das etwas, das zur Anmaßung der Menschengeschlechts gehört? Den Tod selbst in die Hand zu nehmen? Den Tod, der in der Tat zu unserem Leben gehört, aber so, daß er auf uns zukommt, uns trifft, aber nicht von uns herbeigeführt wird. Der gemachte Tod. Ich meine, es gehört zu dieser Verfallenheit der Welt, daß wir in einer immer schrecklicheren Weise diesen Mechanismus in Gang gesetzt haben ... und ausgebreitet haben. In Form von Kriegen, in Form von Katastrophen.

G.W.: Andererseits heißt es bei Paulus: „Sorget nichts! Sondern in allen Dingen lasset eure Bitten im Gebet und Flehen mit Danksagung vor Gott kund werden." Also: Sorget nichts!

Jack: Na ja ... sorget nicht, dann sorget auch nicht für den Tod der anderen. Das würde ich dann auch noch dazu sagen.

G.W.: Ich habe herausgehört, wir sollten alles Gott überlassen, unser Bitten und Flehen soll sich in Gebete und in Danksagung verwandeln. Und dann: „Eure Lindigkeit lasset kund sein allen Menschen."

Jack: Ja, Lindigkeit! Und nicht die Hartherzigkeit.

G.W.: Daran habe ich nicht gezweifelt.

Jack: (lacht) Ich meine ja auch nicht dich.

G.W.: (lacht) Aha. Noch etwas zur Vergebung. Kierkegaard sagt: Wenn wir nicht an die Vergebung glauben, ärgern wir

Gott. Gott ärgern! Das gefällt mir. Gott wäre mehr durch Ungläubigkeit zu ärgern, als durch Schuld, Sünde. Und bei Kierkegaard ist der Gegensatz zur Sünde nicht die Tugend, sondern der Glaube. Also brauchen wir nur zu glauben. Nur!

(lacht) Und wenn wir hartherzig sind, dann vergibt er uns doch auch. Oder vielleicht nicht?

Jack: Ja, die Hartherzigen haben es ja am nötigsten, daß ihnen vergeben wird. Stimmts? Die Frommen brauchen ja keine Vergebung. Der Menschgewordene ist ja nun nicht gerade zu den Spitzen der Religion gekommen, sondern zu den verlorenen Kindern des Hauses Israel, und mit den Zöllnern und Sündern hat ers gehalten, und nicht mit denen, die schon Choräle gesungen haben. Also, ich muß schon sagen, der Gott, den wir haben, ist schon der Gott, der die Gottlosen rechtfertigt und nicht diejenigen, die stolz mit geschwellter Brust Frömmigkeit zur Schau tragen. Und Vergebung, Gott-nicht-ärgern, das heißt, annehmen, daß man zu denen gehört, die dieser Gnade bedürftig sind. Das nicht anzunehmen, die Gnade Gottes zu verweigern, das heißt allerdings, ihm ein Ärgernis zu bereiten. Oder ist das falsch?

G.W.: (lacht) DU fragst MICH, ob das falsch ist! Und gerade jetzt wollte ich mich für meine infantilen Fragen entschuldigen. Jack, ich danke dir sehr. „Über den Tod zu sprechen, ist eine der vernünftigsten

Arten, über den Sinn des Lebens zu sprechen.“ Jemand hat das gesagt, ich habs kürzlich gelesen.

Jack: André Malraux kurz vor seinem Tod.

G.W.: Ah, was für ein Gedächtnis! Beneidenswert. Malraux hat auch Kierkegaard erwähnt, und was ihn am Tod interessiere, das sei das Ärgernis, wie Kierkegaard es nannte, die irreduktible Tatsache. Für mich bleibt da ein Widerspruch zum Glauben, zu des Paulus Verlangen, „abzuscheiden, was auch entschieden besser wäre …“ nun, ich werde es wohl nicht verstehen.

„*Atheisten enttäuschen mich unglaublich*“

Gespräch mit Karl-Josef Kuschel

1932 wird Gabriele Wohmann als Tochter eines protestantischen Pfarrers in Darmstadt geboren. Obwohl vom Elternhaus stark geprägt, lassen ihre ersten literarischen Arbeiten, mit denen sie bereits in den 50er und 60er Jahren bekannt wird, nichts von einer Auseinandersetzung mit religiösen Themen erahnen. In Romanen wie „Jetzt und nie“ (1958), „Abschied für länger“ (1965) oder „Ernste Absicht“ (1970), in Erzählungen wie „Sieg über die Dämmerung“ (1960), „Ländliches Fest“ (1968) oder „Habgier“ (1973) geht es ihr vor allem darum, Kleinbürger- und Wohlstandsbürger-Psychogramme zu entwerfen. Mit „bösem Blick“ werden die bürgerlichen Fassaden durchschaut. In ironisch-sarkastischer, scheinbar distanziert-gefühlloser Sprache konzentriert sich die Autorin auf die Schwächen und Miseren des Menschseins.
Zu Recht hat die Kritik deshalb bemerkt: Gabriele Wohmanns Geschichten handeln fast alle „von ‚kleinen Leuten‘ mit großen Träumen, von unerfüllten Wünschen und zerschlagenen Hoffnungen, von Durchschnittsmenschen, denen viel widerfährt und die doch nichts erleben. Der Grundton schwankt zwischen Bitterkeit und Verbitterung. Die meisten der dargestellten Figuren sind scheu, verschlossen, kontaktarm und vor allem: unfähig, sich zur Sprache zu bringen. Es fehlt ihnen an Kommunikation im Zeitalter der Kommunikationsmittel. Diese Geschichten aus dem Leben sind nichts anderes als Fragmente einer Leidensgeschichte“ (J. Imbach). Erster Höhepunkt ist die im Roman „*Ernste Absicht*“ (1970) beschriebene Krankheitsgeschichte einer Frau (eine nur schwach verschlüsselte, autobiographisch angelegte Figur), die die Krankheitszäsur dazu nutzt, ihr bisher gescheitertes Leben kritisch zu analysieren. Sie leidet an der Unfähigkeit zu leben, der

„Krankheit zum Tode“, wie Kierkegaard die Verzweiflung genannt hat. Davon überzeugt, daß es „den Sinn des Lebens“ nicht gibt, bleibt kein Hoffnungsrest übrig: „Ich sterbe, am Leben, immer weiter.“

Erscheint in diesem Roman der Tod als einziger Ausweg aus Lebensekel, Angst und Selbstzerfleischung („Das sind ernste Absichten, das ist ernste Verwirklichung“), so setzt der 5 Jahre später erschienene Roman *„Schönes Gehege“* überraschenderweise völlig neue Akzente. Wieder geht es um die Lebenskrise eines Menschen, eines bekannten Schriftstellers, der nun aber versucht, sich vom Bild des resignativen Melancholikers freizumachen, mit dem die Öffentlichkeit ihn identifiziert. Er will heraus aus der Rolle des zynischen Pessimisten und sucht ein „schönes Gehege“ aus Glück, Versöhnlichkeit und Trost: „Ich habe wirklich vor, ständig an der Ermöglichung von irgend etwas Gutem, Richtigem, Schönem zu arbeiten, an diesen winzigen Anstiftungen zum Glück. Ich habe unheimlich große Hoffnung.“ Und mit der Hoffnung kommt es auch zum Widerstand gegen den resignativen Fatalismus und das Versinken ins bloße Nichts: „In das GAR NICHTS kann ich einfach nicht einwilligen. Ich hasse diesen Fatalismus, oder: dieses NA JA, aus und vorbei, nichts als Asche, Erde, Gewürm, Nichts. Ich mache das nicht mit. Das Nichts macht mir einen Ekel.“

Dieses neue „Hoffnungstraining“ der Wohmannschen Figuren hat auch Konsequenzen für die *Frage nach Gott.* Erstmals in „Schönes Gehege“ beschreibt Gabriele Wohmann literarisch eine Figur, die religiöse Sehnsüchte nicht verdrängt, sondern ausspricht. Morgens beim Aufwachen läßt sie ihren Helden ein Gebet sprechen: „Laß es keinen gottlosen Tag werden. Laß mich nicht in diese Leere fallen, die ich neuerdings als Gottlosigkeit bezeichnen will, weil Langeweile und Leere mir jetzt als stumpfsinnige, verödete Entfernung von was weiß ich – Göttlichem erscheinen, laß mich mein Selbst in jeder Minute als mein Selbst empfinden, so deutlich, daß ich nicht den Frevel begehe, auch nur eine Minute in der Öde zu erstarren, also auch nur eine Minute zu versäumen. Daß mir nicht ganze Stunden, halbe Tage verloren gehen: in dieser Art von Gottlosigkeit."

Dieses neue Einüben von Sinn und Hoffnung, dieses neue Ausprobieren des Wortes „Gott" (als Garant für solchen Sinn und Trost) bringt Gabriele Wohmann auch in einem Gedicht zum Ausdruck, das in der gleichen Zeit entstand und Aufnahme in ihren Gedichtband „Ich weiß das auch nicht besser" (1974) gefunden hat. Titel: „Es-geht-mir-gut sagen":

„Also, Ihr Lieben, ES GEHT MIR GUT
Denn ich lasse mich nicht
Aus den Gleichzeitigkeiten herausreißen:
Was GUT ist kann ich rekordverdächtig gut genießen
Und während ich wettbewerbsfähig Apfelstrudel
Einen Seegang, dieses Lied gut finde
Kommt wettbewerbsfähig
In den letzten Anstalten, Intensivstationen
Und in den letzten Heimen der letzte Kummer zum Zuge
Ich bin nicht unter den 600 000 Leuten von Kalkutta
Die auf der Straße schlafen
Ich liege genau so bequem wie ich gebettet bin, und finde sogar
Mehr Bequemlichkeit wäre noch besser
Eine Verdrossenheit halte ich keine paar Stunden durch
Etwas sehr Schönes erwartet mich in der Ferne
Und macht mich widerstandsfähig, z. B.
Hinter Franz Schubert her auf der WINTERREISE, aufgehoben in
Der Kantate Bachwerkverzeichnis Nr. 4
Todsicher dosierte Pharmakologie der Gifte und der Gegengifte
Die den Tod beinah aus der Welt herausdenken läßt
ES GEHT MIR GUT, weil ich das Schmerzverbot übertrete
Der Kopf, mitten in eine Trauer gefallen

Ebnet, vom Sturz benommen
Und doch wie erlöst
Die geheimen Reizschwellen zur Geborgenheit, zur Versöhnung
Zu einem endlich übergeordneten Vertrauen
Lieber-Gott-Sagen ist möglich. Das liegt an mir.

Doch dann bleibe ich sitzen vor der langen Kamerafahrt
Vorbei an den verhungernden äthiopischen Kindern
Vor jeder demonstrierten und vor jeder verschwiegenen Gaunerei
Meine Antwort auf den weltläufigen Wahnsinn dürfte doch nur
Mein vernünftiger Wahnsinn sein
Ich bleibe aber bedacht auf die Feineinstellung der Farbe
Ich fange wieder an mit mir. Wieder ICH sagen
ES GEHT MIR GUT sagen auf diese Weise."

Diese Linie der Sinnsuche (trotz aller Wahrnehmung des „weltläufigen Wahnsinns") setzt sich in den Arbeiten der 70er und 80er Jahre fort. Auch Hubert, der Held des Romans „Frühherbst in Badenweiler" (1978), wehrt sich gegen den Zustand der Leere, den er als Gottlosigkeit versteht: „Er konnte Atheisten sowieso nicht gut leiden. Die Welt war ohne sie enttäuschend genug." Der im nachfolgenden Gespräch geäußerte Satz („Atheisten enttäuschen mich unglaublich"), der dem ganzen Gespräch den Titel gibt, klingt also bereits in diesem Roman an. Deutlich läßt sich somit eine *Wende im literarischen Werk Gabriele Wohmanns* erkennen: von der pessimistischen Daseinsbeschreibung zur sinnsuchenden Daseinsbefragung. Autobiographische Motive hatten dabei zweifellos ihren Anteil, wie Gabriele Wohmann im Gespräch selber bestätigt. 1974 war ihr Vater gestorben, der jahrzehntelang Leiter des Hessischen und Rheinisch-Westfälischen Diakonievereins gewesen war. Literarisch gespiegelt wird dieses Ereignis an der eigenen Mutter, die nun als Witwe mit dieser Lebenszäsur fer-

tig werden muß. Das Buch „Ausflug mit der Mutter“ (1976) entsteht, und auch hier ist die religiöse Dimension ausdrücklich einbezogen: „Hör mir mal zu, Mutter: Über die Toten soll keiner weinen: um die Lebendigen muß man bis in die verzweifelten Knochen und auszehrend trauern. Der Vater, wie jeder, der gestorben ist, ist und hat erlöst, ja, das hat er für uns getan, er hat erlöst von Angst und Schuld und Reue und bewußtlos biologischem Hoffen und von erbärmlichem Ich-Denken und Selbstgefühl – hörst du mir zu, ich finde, du solltest nicht weinen.“
Verbarg sich Gabriele Wohmann lange Zeit noch hinter ihren literarischen Figuren, drückte sie ihr eigenes Glaubensbekenntnis in literarischen Rollen aus, so ist sie Mitte der 80er Jahre bereit, immer entscheidender diese Rollen zu verlassen und von ihren eigenen religiösen Überzeugungen, Hoffnungen und Sehnsüchten auch ganz persönlich zu sprechen. Vorläufiger Höhepunkt ist ein Radioessay unter dem Titel „Die Selbstverständlichkeit des Unzeitgemäßen“ von 1988. Beeindruckt durch die Lektüre des „Römerbriefs“ von Karl Barth und den Schriften Søren Kierkegaards, formuliert sie direkt und unverblümt ihre Erwartungen an das Christentum: „So hätte ich gern Kirche, Christentum: so nah und so unverkrampft wie möglich bei der Lehre. So unmodisch unabgeändert, ohne Kniefall vor dem Unterhaltungsbedürfnis der Zeitgenossen. Abstinent gegenüber dem Trend zum Synkretismus, dieser Mixtur aus Fernost und sonstwoher adaptierten Mystizismen abhold. Dem Christentum muß Gottes Zusage überwältigend genug sein. Nicht einmal neuer Gleichnisse bedarf ich, denn die besten stehen im Evangelium; mir ist es selbstverständlich recht, wenn die Predigt sie erklärt. Was ich aber nicht ausstehen kann, das ist ein Gott als Sportschiedsrichter, Jesus der Torwart u.s.w. Ebenso widerstrebt mir die allzu eilfertig erbötige tagespolitische Einmischung.“
Ja, Gabriele Wohmann deckt in diesem Text nicht nur ihre „Lieblingsstellen in der Bibel“ auf (darunter: „Fürchte dich

nicht, denn ich habe dich erlöset"; „In der Welt habt ihr Angst, aber seid getrost, ich habe die Welt überwunden"; „Es ist aber der Glaube eine gewisse Zuversicht des, das man hofft, und ein Nichtzweifeln an dem, das man nicht sieht"). Darüber hinaus formuliert die Autorin auch unmißverständlich ihren „Traum von Kirche": „Mitleidig und auch mahnend soll sie den Menschen darin unterstützen, Gottes zu bedürfen. Brauchen wir ein neues Christentum? Nein. Wir brauchen wahrscheinlich einen neuen Elan, uns des alten und einmaligen Christentums absolut in Theorie und Praxis zu erinnern. Die Hauptarbeit ist Verkündigung, ist die bergführerartige Arbeit, den Menschen auf dem Weg zum Glauben zu leiten. Noch etwas, das ich erwarte und das der Prediger wiederholen sollte, so oft er nur kann; zuvor hat Kierkegaard es behauptet, und es ist schön, lebenswichtig, hilfreich, schwer verständlich und leicht verständlich zugleich, es ist ganz und gar nicht zwecksüchtig und nicht pragmatisch und lautet: ‚Der Gegensatz zur Sünde ist nicht die Tugend, sondern der Glaube.'"
Erstaunliche Sätze aus der Feder einer Schriftstellerin der Gegenwart, die so ganz in Kontrast stehen zu vielen ihrer literarischen Arbeiten, in denen es von ungetrösteten, lebensunfähigen, daseinsverzweifelten Figuren nur so wimmelt. Grund genug also, das Gespräch zu suchen, das denn auch bei diesem überraschenden, aber werkgeschichtlich nicht unvermittelten Essay einsetzt. In der Zwischenzeit hat Gabriele Wohmann dieses ihr Glaubensbekenntnis auch in neuen Erzählungen umgesetzt, die unter dem Titel „Kassensturz" 1989 erschienen, vor allem in den Stücken über eine Theologiestudentin („Drittes Semester"), eine Vikarin („Die Vikarin") oder einen Bischof („Friedensalarm"). Die Kritik hat ihr dies übelgenommen. Gabriele Wohmann – so hieß es – habe „nun auch das Christentum entdeckt" (FAZ vom 10. 10. 89), eine Bemerkung, die ebenso salopp wie falsch formuliert ist. Vor allem aber nahm man der Autorin übel, daß sie sich in diesen Erzählungen sprachlich „fast schon pathologisch sinnenfeindlich"

gebärdet habe: „Keine Darstellungen von gemütsbewegten Gesichtern, keine Naturschilderungen, keine Farben, keine Gerüche, keine Bewegungen, keine Beschreibungen von Innenräumen oder Kleidern, geschweige denn von Phantasiebildern“. Wenn Gabriele Wohmann „als christliche Autorin“ ernst genommen werden wolle, müsse sie noch eine Menge lernen: „Denn bedeutende christliche Literatur zeichnet sich durch originelle Sprachleistungen, vor allem aber durch den Mut aus, mit dem der Blick in alle Abgründe von Leben und Tod gewagt wird. Puritanische Leibfeindlichkeit und fromme Anspielungen locken heute keinen Hund mehr hinter dem Ofen hervor.“

Wie immer: Gabriele Wohmann bleibt eine Schriftstellerin, die nach wie vor an den Widersprüchen der Existenz leidet und immer stärker Widersprüche auf sich zieht. Widersprüche aber waren stets das Movens ihres literarischen Werkes. Gültig bleibt deshalb, was sie in ihrem Gedicht „Widersprüche“ (aus dem Gedichtband „Ich weiß das auch nicht besser“, 1974) zum Ausdruck gebracht hat:

„Mein Entsetzen über mich, mein wahres Bedauern –
Doch denen, die eingesehen haben
Daß sie über sich selbst verzweifeln müssen
Demonstriere ich meine Kurerfolge
Mein vernünftiges Bild von der Welt
Mit meiner einwandfreien Morallehre
Schüchtere ich die Eingeschüchterten ein
Ich imponiere als Theoretiker
Ich sage nichts über meine miserable Praxis
Wenn du noch schläfst und ich schon lang wach bin
Habe ich ganz besonders viel für dich übrig
Es wird auch heute wieder ringsum in meinem privaten Bereich
Nach Vernachlässigungen aussehen
Und nach Vergeßlichkeiten

Während auch heute wieder sämtliche Anhänglichkeiten
Weiter zunehmen werden
Sich immer enger um mich schließen werden
Unter den Atheisten bin ich auf Kirchenlieder
Und Bibelzitate versessen
In der Gemeinde machen meine Zweifel mich nervös."

Gültig bleibt aber auch, was Gabriele Wohmann in einem Artikel über die Gedichte des amerikanischen Autors John Updike über sich selber sagte: „John Updike hat Angst vor dem Weltende, die Entropie entsetzt ihn. Kein Wunder, denn er lebt gern und weiß, trotz Kierkegaard- und Karl Barth-Lektüre mit Nutzanwendung, noch nichts Besseres, und daß er in dieser Menschenfurcht Gottes bedarf, rückt ihn mir immer wieder sehr nah; Kierkegaard zufolge (Gottes zu bedürfen macht die Vollkommenheit des Menschen aus) begeht er den angestrebten Weg und bekennt er nun seine lebenslustige Schwäche, in der ‚Enge der Angst', nicht ein für allemal die richtige, die nicht pur naturgebundene Hauptstraße gewählt zu haben. Gerade deshalb ist und bleibt er ein Künstler ... Immer bereit, andächtig hinzuschauen, wünscht Updike sich Gläubigkeit und Religion ausdrücklich konkret, und in ‚Sieben Strophen zu Ostern' warnt er davor, die Bibel nicht wörtlich zu nehmen. Ihm wie mir liegt viel daran, die Auferstehung nicht als mythische Methapher und eine unter mehreren passablen ‚Weltanschauungen' abzuhaken. Wozu denn auch die Mühsal einer Existenz als Künstler, wenn die Adresse allen Tuns bloß dieses ramponierte, in seinen Harmonien gestörte und bedrohte Planetendiesseits wäre? Wer überließe sich denn der anstrengenden Obsession ständiger Wahrnehmung und der Umwandlung in Kunstgebilde, bloß für Hier und Jetzt? Jemand, der auf Gott glaubwürdig neurotisch angewiesen ist wie Updike, so jemand doch ganz gewiß nicht, und die Wiederholung dieser Erfahrung mit ihm macht mir auch dieses Gedicht-Geschichtenbuch liebenswert" (Die Welt vom 30.9.1986).

In der Tat – das Gespräch unterstreicht es: Gabriele Wohmann ist eine Autorin, die sich eingesteht, „auf Gott glaubwürdig neurotisch angewiesen“ zu sein.

Das nachfolgende Gespräch erschien am 8. September 1989.

Frau Wohmann, in der Regel erlebe ich Schriftsteller, die in Sachen Christentum und Religion äußerst zurückhaltend sind und der Kirche kritisch oder ablehnend gegenüberstehen. Nun haben Sie kürzlich in dem Essay „Die Selbstverständlichkeit des Unzeitgemäßen“ ausdrücklich den Verkündigungsauftrag der Kirche unterstrichen. Es hat den Anschein, als verspürten Sie weniger Hemmungen als andere, direkt von Ihrem Christsein zu sprechen. Trifft dieser Eindruck zu?
Ich kann nicht sicher sagen, ob ich vor zehn Jahren anders über die Kirche oder über meine Beziehung zur Religion gesprochen hätte. Eine Art Treuebindung ist allerdings immer dagewesen. Dabei spielt es sicher eine Rolle, daß ich Pfarrerstochter bin. Es gibt natürlich auch Kinder von Pfarrern, die sich erst recht ablösen. Mein Vater war als Vater und Pfarrer ein sehr toleranter Mensch. Ich habe nie das Verlangen gespürt, gegen ihn rebellieren zu müssen. Ich möchte hier einmal zurückfragen: Wieso bringt Sie das als Theologe in Verlegenheit, wenn ich mich christlich äußere? Da müßten Sie doch sagen, daß Sie das freut …
Ich habe die Frage deshalb gestellt, weil Sie einige Sätze sehr ausschließlich formuliert haben, etwa den, daß nur die Kirche allein die Vollmacht habe, von Erlösung zu reden. Mich wundert es, so etwas direkt aus dem Munde einer Schriftstellerin zu hören.
Schriftstellerei und Literatur können keine Erlösung bieten, sie bieten alles mögliche andere: Interessantheit, Unterhaltung, Menschenkenntnis, sie vermitteln Genuß, Freude, Bestätigung, Identifikation – aber nichts wirklich Erlösendes, Transzendentes. Dazu ist nur die Kirche in der Lage. Mich stören auch all diese anderen Erlösungsangebote, die heute an

die Menschen herangetragen werden, etwa in der Esoterik mit diesem großen Mischmasch: Geht da hin, geht dort hin, hier findet ihr etwas Erlösendes, dort findet ihr etwas Erlösendes, fahrt nach Fernost, macht Yoga-Übungen oder Psychoanalyse. Das sind sicher alles wichtige Dinge, aber sie vermögen nicht das, was Kirche, was Religion, was Gott vermag.

Können Sie Leute verstehen, die nun umgekehrt Schwierigkeiten haben, das im Raum der Kirche zu finden, was Sie Erlösung nennen, weil sie es dort nicht erleben?

Es kommt darauf an, ob die Leute sich selbst mit der Religion beschäftigen, ob sie beispielsweise zu Hause einmal die Bibel aufschlagen oder ob sie Texte etwa von Kierkegaard oder Karl Barth lesen – ich nenne jetzt meine eigenen beiden Kronzeugen. Passivität führt im Glauben nicht weiter, man kann nicht einfach dasitzen und erwarten, daß alles vom Pfarrer kommt, ohne daß man selbst etwas dazu tut. Man muß es selbst wollen, ein drängendes Bedürfnis verspüren nach etwas mehr, als dieses eigentlich ja erbärmliche Diesseits bietet. Ohne dieses Bedürfnis erlöscht die Aktivität, ist kein Mut da, nach Glauben, nach Hoffnung, nach Gott zu suchen.

Das hört sich an, als hätten Sie eine sehr starke persönliche Bindung an die Kirche. Sind Sie das, was man „praktizierende Kirchgängerin" nennt?

Zu meiner Beschämung muß ich sagen: Nein, das bin ich nicht. Ich bin in der Gemeinde nie seßhaft geworden. Leider. Ich möchte mich vielleicht auch nicht enttäuschen lassen. Aber man müßte auch die möglichen Enttäuschungen beispielsweise durch eine Predigt riskieren.

Sie schreiben in dem genannten Essay: Hauptaufgabe der Kirche sei Verkündigung und die „bergführerartige Arbeit", die Menschen auf den Weg zum Glauben zu leiten. Was mich an diesem Satz befremdet, ist, daß Kirche hier eine Art Führerschaft zugeschrieben wird, als sei sie sich ihrer selbst so sicher. Ich bin mir eben auch als Theologe meines Glaubens nicht so sicher. Ich meine damit die im Glauben erfahrene Unsicherheit vor Gott selbst. Kann die Kirche, als eine

Gemeinschaft von Menschen, das, was Sie von ihr verlagen, überhaupt leisten?
Eine Predigt kann durchaus subjektiv sein, der Pfarrer kann sich selbst einbringen. Aber er sollte sich an die Heilsbotschaft halten. Das heißt nicht, daß er ohne Zweifel sein muß. Sicher gibt es auch beneidenswerte Menschen, die nie gezweifelt haben, die in einem festen Urvertrauen aufgewachsen sind. Aber selbst Martin Luther sagt, daß das einzige Gebet, das wirklich gehört wird, das Gebet um stärkeren Glauben ist. Ich vermute, daß auch Luther Momente des Zweifels hatte.
Was ich kritisiere, sind zaudernde Pfarrer, die eigentlich doch lieber über was Soziologisches sprechen. Das gilt oft auch für das Wort zum Sonntag im Fernsehen. Ich habe den Eindruck, daß man sich da in modischen Vergleichen um das Wesentliche und um das Wort Gott herumdrückt. Wer sagt denn schon noch Gott?
Sie haben einmal über einen Besuch von Ihnen in einer Kirche geschrieben. Sie nehmen dabei ein Bibelzitat auf: „‚Wir haben hier keine bleibende Stadt, sondern die zukünftige, die suchen wir.' Und schon geht es mir besser, dort in der Kirche, der schönen Behelfsstadt, im Vorgeschmacksort der ‚göttlichen Behausungen', der ‚lieblichen Wohnungen', jenen Seelenplätzen, die uns die Bibel so liebevoll gleichnishaft in Szenarien verwandelt." Ist das nicht ein schwärmerisches Kirchenbild, wenn man etwa an die Entwicklung in der katholischen Kirche denkt?
Ich meine damit nicht die Machtstrukturen. Die Kirche wird von Menschen gemacht, und sie macht natürlich viele Fehler. Was ich meine ist, daß die Kirche zum Glauben hinführen soll. Und hier meine ich die Kirche als Ort.
Wenn ein junger Mensch Sie fragen würde, was ist für Sie Gott, was würden Sie antworten?
Das zu erklären ist sehr schwierig. Wir sollen und keine Bilder machen und machen sie uns trotzdem. Gott ist verborgen, wie Karl Barth sagt. Wir können ihn nicht kennen, wir können nur auf ihn hoffen. Das ist viel.

Beten Sie?
Ja. Ich kann meinen Tag nicht so gedankenlos wie ein Tier abschließen. Nichts gegen das Tier, aber ich bin Mensch, und ich muß eine Summe bilden, jeden Abend, jede Nacht vielleicht ist das der Grund meiner Einschlafstörungen. Und dann muß ich beten. Manchmal sage ich mir, eigentlich müßte ich auch morgens beten.
Wenn ich Sie richtig verstanden habe, verlangen Sie von Religion Hoffnung, Zuversicht, Stärkung. Wie kommt es, daß all das in Ihren Werken kaum vorkommt und Sie im Raum der Literatur nur den zweifelnden, den an Lebensekel kranken und oft bis hin zum Selbstmord verzweifelten Menschen beschreiben, der sich in Widersprüche verstrickt hat?
Ich schreibe keine religiöse Literatur, und es beruhigt mich eigentlich, daß der autobiographische religiöse Text, aus dem Sie zitiert haben, nicht dem entspricht, was ich beruflich mache. Denn meistens werde ich darauf festgelegt, wie übrigens alle Frauen, die schreiben: „Das ist alles sowieso nur autobiographisch." Das ist aber nicht richtig, obwohl solche zweiflerischen, widersprüchlichen, ängstlichen und auch verkorksten Menschen mir sehr nahestehen. Zuversichtliche, hoffnungsfrohe und glaubensstarke Menschen möchte ich möglichst nicht schildern, weil sie literarisch nicht so viel hergeben. In der gesamten Weltliteratur ist es so, daß immer die Scheiternden und Konfliktbeladenen die richtige Dramaturgie liefern: Sie sind, verkürzt gesagt, einfach ergiebiger.
Woran liegt das eigentlich? Warum ist es nicht möglich, ein solches Schema einmal zu durchbrechen: Man beschreibt als Schriftsteller entweder glaubenslose Menschen, die sich in ihre eigenen Lebensprobleme verstricken. Oder man schreibt autobiographische Texte, in denen Sie als glaubende Christin Trost, Hoffnung, Zuversicht, Angstbewältigung suchen. Warum ist es nicht möglich, in Ihren literarischen Texten Menschen zu schildern, die ihre Probleme mit Gott haben?
Solche Menschen schildere ich auch. In meinem letzten Ro-

man „Der Flötenton“ kommen sieben Hauptfiguren vor, eine ist ein emeritierter Religionswissenschaftler, der seine Probleme mit Gott hat. Der GAU in Tschernobyl hatte sich ereignet, kurz bevor die erzählte Zeit beginnt. Das stellt sein Gottesbild und sein Lebensverständnis in Frage, obwohl er spürt, daß seine Fragen seiner geistigen Kapazität nicht angemessen sind. Eigentlich ist ihm immer ganz klar, daß Gott damit nichts zu tun hat, was die Menschen mit diesem Globus anrichten. Über die tieferen Glaubenskonflikte schreibe ich allerdings nicht, vielleicht auch aus Respekt vor der theologischen Wissenschaft. Es reicht dazu nicht, einige Stellen aus der Bibel einfach gern zu haben, wie das bei mir der Fall ist.
Sie sprechen von Zitaten aus der Bibel, die sie gern haben. Welche sind das?
Ich denke an Worte des Trostes wie: Sorget nichts. Oder: In der Welt habt ihr Angst, aber seid getrost. Oder die Segensformel: Der Herr segne und behüte euch. Oder Hebräer 11, 1: Es ist aber der Glaube eine gewisse Zuversicht des, das man hofft, und ein Nichtzweifeln an dem, was man nicht sieht. Das, finde ich, drückt eigentlich alles aus. Das „Nichtzweifeln an dem, was man nicht sieht“ spricht mich sehr stark an.
Stimmt die Beobachtung, daß Sie selber religiöser sind, als Sie es ihre literarischen Figuren sein lassen können? Ist es die Aufgabe der Literatur, unsichere Menschen zu schildern und nicht Menschen mit einem tiefen, gesicherten Gottesglauben?
Ich möchte lieber über „bibbernde Gestalten“ schreiben. *Die* Aufgabe der Literatur gibt es wohl gar nicht. Ich glaube, daß Literatur vor allem gut geschrieben sein sollte. Es gibt wohl auch noch Leute, die religiöse Literatur schreiben, Autoren wie etwa Edzard Schaper oder Gertrud Fussenegger. Ich habe sie aber nicht gelesen, denn wenn ich Literatur theologischer Art lese, dann lese ich sie lieber von den Theologen selbst.
Was meine Literatur angeht, so ist mir die Etikettierung, ich sei zuständig für die „kleinen Miseren im Alltag“, eigentlich etwas

zuwenig. Die Figuren in meinen Büchern trachten auch nach etwas anderem. Ihre Sehnsucht, ihre Erwartungen, ihre ungewissen Empfindungen auf dieser Erde, all das kommt vor, ich muß es aber aus künstlerischen Gründen nur angedeutet lassen. Wenn man genau hinschaut, dann wird man sehen, daß in vielen Erzählungen Anrufungen vorkommen, „Lieber Gott"-Anfänge, Gebete, Gebetsversuche, Menschen, die unbedingt beten wollen, dann aber Konzentrationsschwächen haben und einschlafen und ein schlechtes Gewissen haben. Ich versehe das auch gern mit ein wenig Komik.

Ich denke dabei an Ihre Erzählung „Habgier" aus dem gleichnamigen Band aus dem Jahre 1973: eine Konfirmationsfeier wird gestört, weil der Konfirmand seinen Konfirmationsspruch ernst nimmt: „Wer Unrecht haßt samt der Habgier und seine Hände abzieht, daß er nicht Geschenke nehme, der wird in der Höhe wohnen, und Felsen werden seine Feste und sein Schutz sein."

Das war eine Satire, die ich schon vor längerer Zeit geschrieben habe. In der Satire kommen eher die Ungläubigen vor, diese Habgier-Leute, die die Konfirmation zur Bereicherung ihres Besitzstandes benutzten. Diese einfache Religiosität, die keine ist, ist unter den Protestanten weitverbreitet.

Es gibt eine These über Sie, die Sie psychoanalytisch erklären will. Die Tatsache nämlich, daß Sie ständig Katastrophengeschichten über den Alltag schrieben, hinge damit zusammen, daß Ihre Kindheit so behütet gewesen sei, und daß das Verdrängte durch Literatur nun kompensiert werden müsse.

Meine Güte! Typisch für die Psychoanalyse …

Auch ich halte das für Unsinn. Ich habe eine andere These. Stimmt die Überlegung, daß beinahe alle Ihre Figuren unter Rechtfertigungszwang stehen? Daß sie über sich selbst zu Gericht sitzen, sich stets vor einer imaginären Instanz glauben verantworten zu müssen? Ich denke an Ihre großen Romane, an „Ernste Absicht" (1970), wo Sie eine Frau in einem Krankenhaus ihre Situation reflektieren lassen, oder an „Frühherbst in Badenweiler" (1978), wo ein Künstler in ein Kurhaus geht und eine Midlife-Crisis durchmacht. Meine These:

Das kommt aus Ihrem protestantischen Erbe. Leben von Menschen ist nicht selbstverständlich, sondern steht unter Rechtfertigungszwang.

Das kann zutreffen, obwohl in meinem Elternhaus ein anderes Klima zu spüren war. Ihre These gefällt mir allerdings besser. Natürlich gab es bestimmte Pfarrhausgebräuche, Tischgebete oder die Andachten meines Vaters, zu denen wir mitgegangen sind. Das sind sicher Beeinflussungen, aber ich habe mich damit nicht sehr beschäftigt. Ich war jung, und da interessiert es einen eigentlich gar nicht, ob es außer der hiesigen Welt noch irgend etwas anderes gibt.

Aber trifft es zu, daß der Impuls, in Ihren großen Romanen gebrochene Figuren auftreten zu lassen, immer von einer Krisenerfahrung herkommt? Ein Leben ist fragwürdig geworden und muß gerechtfertigt werden. Über den Sinn muß nachgedacht werden, und man muß sich vor sich selbst verantworten. Daß überhaupt Leben verantwortet werden muß: Kann das indirekt religiöse Wurzeln haben?

Ja, da könnte eine Wurzel liegen. So gehe ja ich mit mir selber auch um. Vielleicht hängt auch dieses beharrliche Weiterschreiben mit meiner protestantischen Prägung zusammen, wenn ich denke, du kannst nicht faul und müßiggängerisch dasitzen, du mußt mit deinem Pfündlein wuchern, du mußt das tun, was du kannst. Es ist eigentlich entsetzlich, daß man sich so einem Leistungszwang unterwirft …

Sie sagen in dem genannten Essay: Dem Zustand der Unerlöstheit steht die Angstbewältigung gegenüber und die Zusage Gottes an den Menschen. Nochmals grundsätzlich gefragt: Welche Funktion hat Religion für Sie?

Eine Funktion ist es, weiterzudenken, wie es in dem Bibelwort ausgedrückt ist: In der Welt habt ihr Angst, aber seid getrost, ich habe die Welt überwunden. Das sind Aussagen, die nur geglaubt werden können, wie ja die ganze Heilsbotschaft nur geglaubt werden kann. Aber in diesem „nur“ liegt eine sehr große geistige Anstrengung. Die Hauptfunktion der Religion ist es, über dieses doch eigentlich ziemlich enttäuschende hiesige Sein hinauszudenken, und zwar nicht nur für mich, sondern auch in bezug auf andere. Ich selbst werde älter, die Verwandten werden älter, man sieht alles enden, der Globus und die Schöpfung werden immer mehr ramponiert. Jetzt kommen viele sofort mit dem Einwand: Aha, die Religion hat also eine pure Vertröstungsfunktion. Was soll ich sagen? Vertröstung oder, besser gesagt, Trost ist richtig und wichtig für mich. Ich sehe im Trost nichts Abschätziges.

Ich auch nicht, wenn man Trost und Vertröstung zu unterscheiden weiß. Andersherum gefragt: Hat Religion für Sie auch eine kritische, verändernde Bedeutung für das Diesseits, in dem Sinne, daß man die Welt verändern sollte?

Ja, natürlich, es wäre ein Mißverständnis, daß alles nur auf die Zukunft im Jenseits ausgerichtet ist. Um noch einmal auf meine Kindheit zurückzukommen: Mein Vater hat Religion praktisch gemacht, er war Leiter des Hessischen und Rheinisch-Westfälischen Diakonievereins. Er hatte mit seiner Theologieausbildung eigentlich etwas anderes vor, aber er hat diese Aufgabe von seinem Vater, der den Verband gegründet hatte, übernommen. Da habe ich viel von der praktischen Nutzanwendung des christlichen Glaubens gelernt. Ich bin sehr froh, daß die Kirche sich um Kranke und Behinderte kümmert. Das können zwar andere Institutionen auch. Die Kirche kann es allerdings in meinen Augen besser. Es ist ein großer Unterschied zwischen den Schwestern meines Vaters, die vom Glauben inspiriert waren, und „Tarifschwestern". Die christlichen Schwestern – sie wurden natürlich auch nach Tarif bezahlt – hatten eine ganz andere Motivation. Sie haben es schon einmal länger am Krankenbett ausgehalten. Das klingt sehr altmodisch, was ich da sage. Meinetwegen ist es eben altmodisch. Aber es ist meine Überzeugung, daß es mit einer christlichen Glaubensmotivation viel besser gelingt, den Menschen zu helfen.

Ich finde bei Ihnen sehr viele Äußerungen über Gott, finde die Bereitschaft, direkt von Gott zu reden. Über die Gestalt Jesu äußern Sie sich kaum. Was steckt dahinter?

Ja, das macht mir auch zu schaffen, daß ich mehr von Gott spreche und mit Jesus Christus Schwierigkeiten habe. Über Jesus denke ich viel nach, er ist schwer vorstellbar, obwohl wir uns über ihn aufgrund der Erzählungen des Neuen Testaments durchaus Bilder machen können und sollen. Ich habe unlängst auf eine Umfrage über den Martin Scorsese-Film „Die letzte Versuchung Jesu Christi" geantwortet. Es ging um die Frage, ob man etwas gegen den vermenschlichten Jesus haben könne, ob man sich Jesus in einer Ehe vorstellen könne und so weiter. Alle diese hypothetischen Fragen mißfallen mir außerordentlich. Denn ich denke, weil er ohne Sünde war, war er natürlich kein Mensch wie du und ich. Aber in diesen ganzen Fragen zeigt sich wieder das Bedürfnis in unserer heutigen kumpelhaften Ära, auch in Jesus Christus einen Jedermann zu sehen, einen Menschen wie du und ich, einen Reader's-Digest-Typen. Darin liegt wohl auch meine Schwierigkeit mit der Jesusgestalt: daß er Mensch war. Wenn er ganz Mensch gewesen wäre und alles erklärbar, dann bedürfte es auch des Glaubens nicht, denn dann könnten wir alles verstehen.

Wäre es unfair, wenn man sagen würde, Gabriele Wohmann schreibt trostlose Literatur, ist aber als Mensch selber auf der Suche nach Trost?

Trostlos sollte man vielleicht nicht sagen. Gabriele Wohmann schreibt Literatur über Ungetröstete, über Trostbedürftige, über Trostversessene. Das kommt in der Tat häufig vor bei meinen Personen, und das wird mir von der Kritik angekreidet, daß diese Leute so trostbedürftig sind. Es kommt auch vor, daß sie das Leben als Jammertal empfinden, und das können viele am allerwenigsten vertragen, wenn man das sagt. Das verstehe ich nicht, daß man angesichts all der Katastrophen und Schizophrenien auf dieser Erde nicht zugeben kann, daß wir hier unerlöst sind, und daß man dann statt dessen behauptet, das Reich Gottes sei hier, im Diesseits, eigentlich schon angebrochen.

Ist es möglich, daß Sie dadurch das Gefühl des Fatalismus, der Unabänderlichkeit des Schicksals verstärken?
Nein, viele Leser schreiben mir Briefe und sagen, daß sie sich wiederfinden in einer Person eines Romans oder in dem Verlangen, was darin ausgedrückt ist; die Art, wie ich schreibe, wird als wahrheitsversessen erkannt. Dadurch wird die Literatur glaubwürdig. Viele Menschen suchen in der Literatur nicht vordergründigen Trost, sondern sie suchen Wahrhaftigkeit und Identifikationsmöglichkeiten. Das kann ich selbst auch bestätigen, weil ich es lieber mit der Wahrheit etwa einer unglaublich traurigen Schubert-Musik zu tun habe als mit einer Operette.
Zwischen dem Roman „Ernste Absicht“ (1970) und „Schönes Gehege“ (1975) hat es ja so etwas wie einen Themenwechsel gegeben: die Suche nach Trost, nach Sinn wird stärker. Was ist zwischen 1970 und 1975 passiert? Ist das genau der Zeitraum, in dem Sie sich stärker der Religion zugewandt haben?
Vielleicht hängt es auch damit zusammen, daß 1974 mein Vater gestorben ist. Danach habe ich mich wohl gründlicher mit Theologie beschäftigt. Vorher war es eher so, daß ich dachte, da ist einer da, der dafür zuständig ist, du brauchst es gar nicht selber zu wissen. Vielleicht bin ich danach zu einem selbständigen Denken auf diesem Gebiet gekommen, ich bin mir aber nicht sicher, ob dieser Zusammenhang wirklich besteht. In der Regel analysiere ich mich nicht selbst.
Es gibt natürlich auch Leute, die die Antworten wissen und sagen: Aha, die Frau wird halt älter, deswegen wendet sie sich religiösen Fragen zu. Ich glaube aber nicht, daß das richtig ist. Es gibt ja auch Leute, die entdecken, daß meine Geschichten jetzt versöhnlicher werden. Dann merke ich immer, sie wollen von mir hören, daß ich älter werde. Dann kann es passieren, daß ich sofort eine bissige Satire dazu schreibe, weil mich das wurmt …
Ich möchte zum Abschluß noch ein Zitat von Ihnen vorlesen. In dem Gedicht „Widersprüche“ sagen Sie: „Unter den Atheisten bin ich auf

Kirchenlieder und Bibelzitate versessen, in der Gemeinde machen meine Zweifel mich nervös und unfreundlich, gegen die Extremisten verfechte ich den Standpunkt der absoluten Ausgewogenheit, mit den Liberalen finde ich die Liberalen scheißliberal." Ist das, was die ersten beiden Sätze angeht, Ihre Position?

Ja. Atheisten enttäuschen mich unglaublich. Sie machen mich traurig und trübselig. Ich kannte die Einstufungen von dieser Seite schon als Kind. Als Pfarrerstochter gehörte man ja auch in diese kleine verachtete Schar, die mit einem „Sprechen wir besser nicht davon" oder „Das ist doch alles Quatsch" versehen wurde. Viele sind Atheisten auf eine platte Weise. Das finde ich trostlos, hier kann ich das Wort trostlos gebrauchen. Das ruft meinen Widerstand hervor. Da werde ich um so gläubiger oder versessener, es zu sein.

Aber in der Gemeinde der Glaubenssicheren vertreten Sie den Standpunkt des Zweifels?

Ja, sie machen mich nervös. Ich habe es auch schon erlebt, daß in einem Pfarrhaushalt die Frau mit einem Gebetswürfel hantierte, auf jeder Würfelfläche stand ein Gebet; sie würfelte um das „Gebet des Tages", das Tischgebet und so weiter ...

Das Gedicht kann man also so interpretieren, als würden Sie jeweils eine verschiedene Rolle spielen?

Es ist das Gefühl, in eine innere Opposition gedrängt zu sein. Es ist auch das Gefühl der Unzugehörigkeit. Daß man nirgendwo den Platz entdeckt hat, an dem man sich zugehörig fühlt, auf dieser ganzen Welt.

Quellennachweis

„*Sendeschluß*" (S. 9): Gabriele Wohmann, Das könnte ich sein. 60 neue Gedichte, Eremiten-Presse, Düsseldorf 1989.

„*Bei seinem Tod*" (S. 10): Gabriele Wohmann, Das könnte ich sein. 60 neue Gedichte, Eremiten-Presse, Düsseldorf 1989.

„*Klimawechsel*" (S. 11): Gabriele Wohmann, Das könnte ich sein. 60 neue Gedichte, Eremiten-Presse, Düsseldorf 1989.

„*Patienten*" (S. 12): Gabriele Wohmann, Das könnte ich sein. 60 neue Gedichte, Eremiten-Presse, Düsseldorf 1989.

„*Studenten*" (S. 13): Gabriele Wohmann, Das könnte ich sein. 60 neue Gedichte, Eremiten-Presse, Düsseldorf 1989.

„*Meine Gedichte*" (S. 25–34): Gabriele Wohmann, Ich lese, ich schreibe, Luchterhand, Darmstadt und Neuwied 1984, © Luchterhand Literaturverlag, Hamburg.

„*Habgier*" (S. 53–61): Gabriele Wohmann, Habgier. Erzählungen, Eremiten-Presse, Düsseldorf 1973.

„*Die kleine innere Verbindung*" (S. 62–65): Gabriele Wohmann, Der Irrgast. Erzählungen, Luchterhand, Darmstadt und Neuwied 1985, © Luchterhand Literaturverlag, Hamburg.

„*Die Vikarin*" (S. 76–79): Gabriele Wohmann, Kassensturz. Erzählungen, Luchterhand Literaturverlag, Frankfurt a. M. 1989, © Luchterhand Literaturverlag, Hamburg.

„*Erzählen Sie mir was vom Jenseits*" (S. 97–103): Gabriele Wohmann, Bitte nicht sterben. Roman, R. Piper Verlag, München 1993, © R. Piper GmbH & Co. KG, München 1993.

„*Martin Luther*" (S. 127–133): Gabriele Wohmann, Ich lese, ich schreibe, Luchterhand, Darmstadt und Neuwied 1984, © Luchterhand Literaturverlag, Hamburg.

„*Das späte Verlangen nach Glauben*" (S. 147–168): Gabriele Wohmann, Schreiben müssen, Luchterhand Literaturverlag, Frankfurt a. M. 1991, © Luchterhand Literaturverlag, Hamburg.

„*Atheisten enttäuschen mich unglaublich*" (S. 169–187): Karl-Josef Kuschel, Ich glaube nicht, daß ich Atheist bin. Neue Gespräche über Religion und Literatur, Serie Piper 1561, München 1992, © R. Piper GmbH & Co. KG, München 1992.

Religion und Ästhetik
Sensibel für eine widersprüchliche Welt

Heinrich Jürgenbehring
Liebe, Religion und Institution
Ethische und religiöse Themen bei Heinrich Böll
Reihe Literatur und Theologie
1994. 220 Seiten. Kartoniert

Im Werk Heinrich Bölls, dem großen Schriftsteller der Nachkriegszeit, Meister der Satire und Kurzgeschichte und Literaturnobelpreisträger, sind zahlreiche religiöse und ethische Themen verarbeitet.
Heinrich Jürgenbehring spürt diesen Grundmotiven nach und arbeitet sie heraus: die „Christusgestalten" der Böllschen Romane, die Entlarvung der amtskirchlichen Sexualmoral als das krasse Gegenteil von Liebe, die Parteinahme für die Ausgegrenzten, seine Vision von Gesellschaft ...
Zärtlichkeit und Anarchie – so zeigt dieses Buch – sind die beiden großen Überschriften zu Bölls Werk.

Religion und Ästhetik
Sensibel für eine widersprüchliche Welt

Georg Langenhorst
Hiob unser Zeitgenosse
Die literarische Hiob-Rezeption im 20. Jahrhundert
als theologische Herausforderung
Reihe Literatur und Theologie
1994. Ca. 440 Seiten. Kartoniert

Hiob – die biblische Gestalt des ins Leid gestürzten Menschen, der gegen sein Schicksal aufbegehrt und die Frage nach dem „Warum“ stellt – faszinierte und fasziniert immer wieder aufs neue Schriftsteller unserer Zeit.
Von Paul Claudel, Alfred Döblin, Joseph Roth, Nelly Sachs, George Bernard Shaw bis zu Muriel Spark griffen und greifen Autoren in Dramen, Gedichten und Romanen das Hiob-Motiv auf – oftmals auch gegen den Strich der kirchlichen Verkündigung gebürstet.
Dieses Buch erschließt den Zugang für die literarische Eigenart der jeweiligen Schriftsteller und bringt sie ins Gespräch mit den Antwortversuchen der Theologie auf das unschuldige Leiden.